太陽嵐 2025年

The Great Solar Chaos 2025

すべてのスマホが止まる日

浅井隆

第二海援隊

プロローグ

人間がどのように進化しようと、文明が進もうと、
自然の一部であることには変わりはない

（手塚治虫）

太陽活動によって現代文明が崩壊する⁉

今から一六〇年以上前、日本が尊王攘夷《そんのうじょうい》で揺れ動いていた幕末。その真っ只中の一八五九年に、ヨーロッパや北アメリカでは〝とんでもない出来事〟が発生していた。

当時、電気を使用するものと言えば「電報」くらいしかこの地上には存在しなかったが、その全電報システムが停止し、電信用の鉄塔からは火花が飛び散った。そして、あり得ないことにハワイでオーロラが観測され、ロッキー山脈ではあまりの明るさに、鉱山夫《こうざんふ》が夜中を朝と勘違いして朝食の準備をしてしまったという。

この謎の現象を、「キャリントン現象」と呼ぶ。

では、なぜそのようなことが起きたのか。

それこそ「太陽嵐」と呼ばれるもので、太陽の爆発の大きさが周期的に変動する中で歴史的に最大級のものがやってきたのだった。

「黒点」というものをご存じだと思うが、それが大きくなると太陽の表面活動が活発化して、火柱ともいうべき「フレア」が発生するが、観測史上最大の〝超巨大スーパーフレア〟が一八五九年に発生したのだ。

そして一六〇〇年以上の歳月を経て、現在その太陽黒点が当時とほぼ同じ大きさにまで成長してきたのだ。

下手をすると、二〇二五年に「太陽活動による現代文明の崩壊」という大惨事が起こる可能性すらある。なぜなら、すべてが電気で動き、多くのシステムが半導体で制御され、高度なコンピュータや繊細な通信システムで動く現代社会のインフラすべてを、太陽嵐による電磁波攻撃は〝一瞬で破壊する可能性〟があるからだ。

わかりやすく言うと、大停電が長期間に亘って発生し、あなたのスマートフォン（以下スマホ）がまったく使えなくなり、ＥＶ（電気自動車）は走行不能となり、テレビも見られないということだ。

アメリカ国立科学財団が、その破滅的な影響について次のように警告している――「変圧器を含む複雑に接続された送電網を破壊し、アメリカ国内だけで停電が最大一億三〇〇〇万人の生活に影響する。停電によって上下水システム、電子運輸システムが崩壊する。それは飲料水、食料、薬および燃料の配達、供給を止めてしまう」。超巨大スーパーフレアが発生した場合、アメリカの被害総額は三〇〇兆円を超えるという。全世界がパニックとなるのは必至だ。社会経済活動の五〇%が停止し、株価は大暴落するだろう。

これが、二〇二五年に起こる大パニックの全貌である。

便利な現代文明は、その裏返しとしていとも簡単に崩壊する宿命を背負っているのである。本書を読んで、生き残りの準備に手を付けていただきたい。

二〇二四年九月吉日

浅井　隆

太陽嵐2025年——目次

プロローグ

第一章 一八五九年の大惨事

第四章　生き残るために急いでやるべきコト

エピローグ

第一章　一八五九年の大惨事

人々は、頭上に太陽があることを忘れているだけなんだ。

（リチャード・バック）

太陽の黒点は凶兆⁉

大昔、私たちが住むこの地球には一〇個の太陽が存在していた、という言い伝えがある。

それは太古の中国の話で、堯《ぎょう》の伝説として今でも語り継がれているものだ。堯帝の時代、太陽は全部で一〇個あり、交代で地上を照らしていたのだが、ある日突然、それらすべての太陽が一斉《いっせい》に空に出現し、この世は灼熱《しゃくねつ》の地獄と化したという。空も大地も真っ赤に染まり、河川は沸騰《ふっとう》してしまった。当然、農作物もたちまちに枯れてしまったという。

そこで堯帝は、弓の名人である羿《げい》に太陽を射落《いお》とすように命じた。堯帝から赤い弓と白い矢を受け取った羿は、この世で最も高いと言われる山の頂上に登り、太陽に向かって矢を放ったのである。

ちなみに中国では、古来より太陽の中に三本足のカラスが住むと考えられ、太陽はそのカラスによって空を移動すると思われていた。羿は、空に放った九個の太陽の中にいる九羽のカラスの体を射抜《いぬ》き、そのカラスたちは皆地上に落ちたという。こうして太陽は一個だけになり、地上の人々は焼死《しょうし》を免れた。

ところで、なぜ太陽にカラスが住んでいると思われていたかというと、太陽の黒点がカラスの黒色に似ているためだと言われている。そのカラスの足が三本であるのは「陰陽五行思想」によるもので、陰陽五行思想では二は陰数で太陽にふさわしくなく、陽数である三こそが太陽にふさわしいと考えられたのだ。

堯の一件から、中国では黒点（カラス）が凶兆と考えられるようになる。紀元前三六四年、中国の天文学者で斉の出身の甘徳《かんとく》が木星の衛星の一つガニメデを発見し、また人類史上初めて太陽黒点の観察を行なった。この甘徳は、世界最古の「星表《せいひょう》」を作ったのだが、太陽の表面に周期的に「暗い斑点《はんてん》」が現れることに気付き、それを凶兆としたのである。

人類文明を数世紀ほど巻き戻す恐れも

そのカラス（黒点）が、二〇二五年にも〝大暴れ〟する可能性が出てきた。それは下手すると〝一〇〇〇年に一度の危機〟というほどの被害をこの地球にもたらしかねない。最悪の場合、「人類文明を数世紀ほど巻き戻す恐れもある」と一部の科学者は警鐘を鳴らす。より具体的に言うと、「電気のなかった時代」に人類が戻ってしまうというのだ。

斉の甘徳が黒点を観測して以来、太陽に関する研究は進み、現代では太陽活動がおおよそ一一年周期でピーク（極大期）を迎えるということが判明している。アメリカの宇宙天気予報センター（ＳＷＰＣ）によると、今回の「サイクル25」（一七五五年に太陽黒点の記録が始まって以来、その周期が数えられており、その最も新しい二五回目の周期）の極大期は「二〇二五年七月」に迎える可能性が高いのだが、そのタイミングで大惨事が発生するのでは、とささやかれているのだ。

二〇二〇年に始まった太陽のサイクル「25」は、太陽活動が低調になると予想されていたのだが、その予想が見事に外れている。すなわち、とても太陽活動が強くなっているのだ。

太陽活動が強いと、時に激しい「太陽フレア」（太陽面爆発）が起こり、地球に大混乱をもたらすことがある。とりわけ電気に依存した現代の社会システムは大規模な太陽フレアに脆弱《ぜいじゃく》であるとされ、深刻な影響をおよぼすことが明らかになってきた。

ところで、近年ここ日本でも注目を集めているアメリカのセキュリティ会社がある。それは、カリフォルニア州に本社を置くシェルター大手のビボス社で、同社のモットーは「世界の終わりにどう備えるか」。

ビボス社が挙げる〝イベント〟には、巨大噴火、地震、津波、太陽フレア、小惑星の衝突、核攻撃、テロ、化学兵器を使った戦争、無政府状態が含まれる。二〇二五年にも、このうちの一つが現実になってもおかしくはない。それは、前述したような「一〇〇〇年に一度」とも取り沙汰される大規模な太陽フレアが地球に降り注ぐというものだ。

すでにニュースでも伝えられたように、二〇二四年の五月にも大規模な太陽フレアの発生が確認されている。その影響で、同年五月一一日から一二日にかけては、ここ日本でも各地で「オーロラ」が観測された。

この時、太陽の「AR3664」という領域での太陽フレアによる太陽嵐が発生したのだが、その際の太陽フレアの威力は「X8・79」。太陽フレアはX線の強度によって「A、B、C、M、X」の五等級に分類され、Xが最大のフレアとなる。また、アルファベットの後の数字が大きいほど、フレアの規模が大きいことを示す。

その後、「AR3664」という領域は、太陽の自転《じてん》に伴って地球から見て裏側に回った。そこで、大事件が発生する。二〇二四年五月二〇日、「AR3664」が太陽の裏側（地球からは観測されない）でさらに大きな「X12」と推定される太陽フレアを発生させたと、ESA（ヨーロッパ宇宙機関）の太陽探査衛星ソーラー・オービターがとらえたのだ。

このニュースが伝えられた際、知り合いの科学者は、ぼそっと私にこうつぶやいた──「この爆発が（太陽の）地球に面した場所で起こっていたと思うと、ぞっとする」。二〇二五年に迎えるとされる極大期には、さらにとんでもない規模の太陽フレアが地球を襲っても不思議ではない。その時は、一気に現代の社会インフラが停止する恐れがある。

ただし、いつ、どの程度の規模で太陽フレアが発生するのかを事前に予測するのは難しく、少なくとも二〇二五年から二〇二六年にかけてはそのリスクに備えておくことが大切だ。仮にこれが現実化した場合、ここ日本でどのような被害が出るのかは不明だが、総務省は以前から注意をうながしており、軽視すれば命取りとなるかもしれない。

二〇〇八年、全米科学アカデミーは『激しい宇宙気象──その社会的・経済的影響の把握』というタイトルの報告書を発表した。書面では、強力な太陽フレアが地球の磁場《じば》を混乱させ、強力な電流によって高圧変圧器が故障し、大規日本各地でも観測されたオーロラ。多くの人が魅了されたが、安穏としていられない状況もある。オーロラをもたらす現象「太陽フレア」は、通信や電力供給に悪影響を及ぼすという。来年がピークと言われるこの現象、政府は対策を立てているようだが、果たして十分か。　（西田直晃）

太陽フレア影響 備え十分か

オーロラの一方で通信・電力に打撃

10日、カナダ・バンクーバーで観測されたオーロラ＝ロイター・共同

「真っ暗で夜空には何も見えない。でも、実は赤紫色に染まっていた」

11日夜から12日未明にかけ、能登半島地震の被災地でもある石川県珠洲市でオーロラを撮影した北陸中日新聞の男性カメラマン(26)はそう語った。30秒間の露光撮影で、海岸の奥に幻想的な光景が浮かび上がったという。オーロラは北海道や東北などの広範囲でも確認された。

オーロラ出現の原因は、太陽の表面で起きる大規模爆発「太陽フレア」だ。国立研究開発法人「情報通信研究機構」（東京）によると、爆発時に放出される電気を帯びたガス（プラズマ）が地球の大気に含まれる酸素や窒素などと衝突し、発光することでオーロラになる。このプラズマが地磁気を大きく乱したため、観測領域が拡大した。

フレアが引き起こすのはオーロラに限らない。プラズマと同様、放出される強力な電磁波や高エネルギー粒子は、人工衛星や衛星利用測位システム（GPS）の異常、電流の乱れ、通信障害などを招く。管制塔と無線がつながらない航空機が航路変更を迫られたり、送電施設の事故で停電が起きたりする恐れがある。

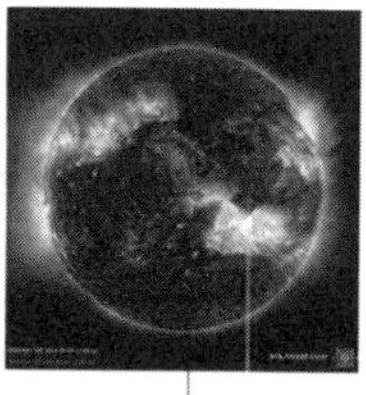

強い太陽フレアが発生した太陽。複数の波長で捉えた画像を合成した＝米国時間9日（NASA／SDO提供）

機構によると、14日までに連続で起きた太陽フレアに伴い、国内の広範囲で通信障害が発生した。大学などの研究機関の観測では、太陽フレアは11年周期で活発になり、次のピークは2025年と試算されるが、機構の津川卓也宇宙環境研究室長は「最盛期には2、3年の幅がある。年次を限定せず、継続した警戒が必要だ」と話す。

総務省22年に報告書「被害想定に限界」

国は太陽フレアの影響を「文明進化型の災害」と位置付け、総務省は22年に被害想定や対策をまとめた報告書を公表した。「100年に1回またはそれ以下の頻度」で起こる最悪のシナリオでは、電磁波の妨害で通信・放送が2週間ほど断続的に途絶え、携帯電話のサービスが一部停止するほか、広域停電、航空機や船舶の運航見合わせが発生。GPSの精度に数十㍍の誤差が生じ、ドローンの衝突事故が誘発されるという。

「現状では、太陽フレアが起きても完全には被害状況を把握できない。国にできるのはアラームを鳴らす程度」と説明するのは名古屋大の池内了名誉教授（宇宙物理学）。電磁波などが地球に届くまでの時間を活用し、想定される影響を「宇宙天気予報」として機構が発信しているが、池内氏は「起きてみないと分からないのが実情。太陽フレアそのものを事前に察知するのも難しい」と語る。

人員も予算も不足

同志社大の柴田一成特別客員教授（宇宙天気）も「被害想定の具体的な検討が十分ではなく、企業や大学との共同研究が進まない。成果がすぐに出る研究ではないが、不足する人員や予算を拡充するべきだ」と警告する。「個人レベルなら基本的な対策は地震と同じ。携帯電話が使えない事態を想定するのが大事だ。コロナ禍と同様、経済活動が停滞し、元に戻すのに数年間を要する場合も想定される。平時のうちに政治家や企業のトップは理解を深めてほしい」

（東京新聞　2024年5月15日付）

模な停電を引き起こす恐れについて指摘している。もしそうなれば、アメリカだけで最初の一年間で一兆～二兆ドルの被害が出て、完全復旧には四～一〇年かかることが予測されるというのだ。大型の変圧器は調達に年単位の時間がかかり、電力網が世界規模で破壊された場合、生産はほとんどできないとされる。

こうした太陽フレアと地球への影響を調べている科学者たちは、一五〇年以上の間、その最たる例と思われる一つの太陽嵐に注目してきた。一八五九年に起こった「キャリントン・イベント」である。

一八五九年九月一日、太陽表面を観測していたイギリスの天文学者リチャード・キャリントンは、黒点の中に突如現れた二筋の白い光をとらえた。これが、いわゆる「白色光フレア」を科学者が史上初めて観測した瞬間である。

翌日、このフレアにより噴出したプラズマ（電離ガス）が地球の磁気圏に到達し、激しい磁気嵐を引き起こし、たとえばカリブ海やハワイといった低緯度の地域でもオーロラが観測されるに至った。ロッキー山脈では、明るさのために鉱山夫が朝と勘違いして起きて朝食の支度を始めてしまうほどであったとい

大規模な太陽フレアは通信障害や停電を起こす可能性がある

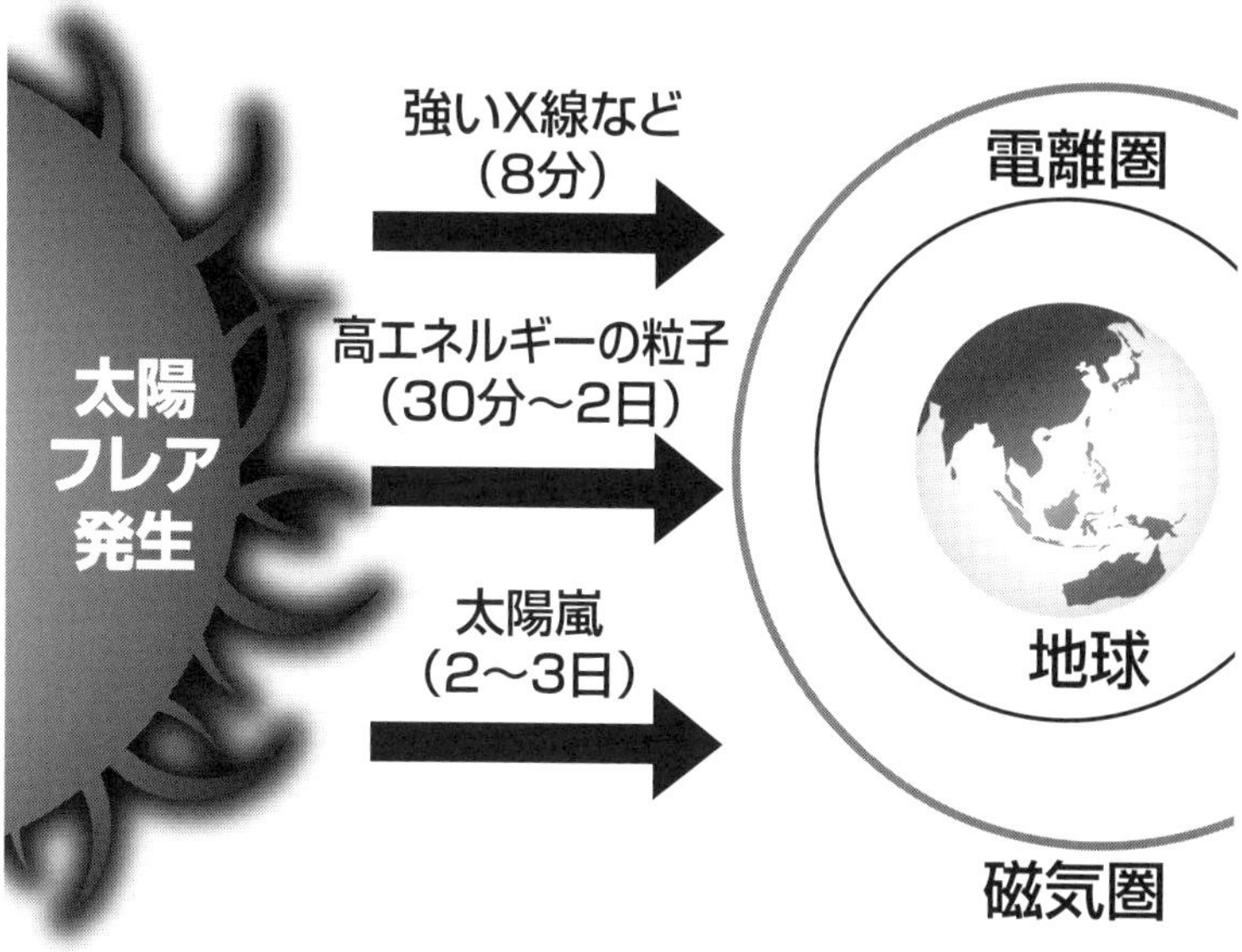

想定される影響

- 通信障害
- 人工衛星の故障
- GPSの誤差拡大
- 大規模停電
- 宇宙飛行士、航空機搭乗者の被ばく

う。また、アメリカの北東部でたまたま夜中に起きた人が、オーロラの明りで新聞を読むことができた。

一方で、アメリカ全土とヨーロッパで電報システムが停止するという副作用も生じている。電信用の鉄塔は火花《ひばな》を発し、電報用紙は自然発火した。ただし、電源が遮断《しゃだん》されているのに送信や受信が可能であった電報システムもあったという。

不幸中の幸いとも言うべきか、当時の社会は電気への依存度が低かった。被害が生じたと言っても電気通信に限定的な打撃しか与えなかったため、当時の人々は奇妙な現象だと感じたものの、大したことのない出来事と受け止めたという。ちなみに、その頃の日本は江戸時代（安政六年）であったので、直接的な被害はほとんど生じなかった。

しかし、電力に依存する現代社会においてキャリントン級の太陽フレアが降り注げば、話は変わってくる、と複数の科学者は警告する。たとえば二〇一四年七月二三日、米航空宇宙局（ＮＡＳＡ）は「二〇一二年に地球のそばをかすめた強力な太陽風は、地球を直撃していれば『現代文明を一八世紀に後退させる』ほどの威力があるものだった」（AFP BB News 二〇一四年七月二五日付）と発表し、世間を震え上がらせた。NASAによると、この二〇一二年に地球をかすめた太陽フレアは「キャリントン級」のものであったという。

実はたびたび起こっていた〝巨大太陽嵐〟

ところで、大規模な磁気嵐がどのくらいの頻度《ひんど》で起こるかについては、過去のデータが充分でないためよくわからない。十数年前まではキャリントン級は非常に特殊で「そうそう起こらない」との認識が広がっていたが、近年はそうした認識が否定されるようになっている。言い方を変えると、キャリントン級の太陽フレアは「思っていた以上に頻繁《ひんぱん》に起こっていた」というのだ。

二〇二三年一二月六日付の米フォーブス誌（電子版）は、『超巨大太陽嵐』の発生、従来説より頻繁か」と題した記事で警鐘を鳴らしている。

記事によると、これまであまり知られていなかった一八七二年二月に地球を襲った大規模な太陽嵐（最初にデータを収集した天文学者二人の名前から「チャップマン・シルバーマン・イベント」と呼ばれている）について、「九ヵ国の研究者が参加する国際チームが詳細な研究結果を発表した」とし、「その研究結果こそが、地上のインフラに直接影響をおよぼすほど強力な太陽嵐が従来考えられていたよりも頻繁に発生する」ことを裏付けるものであるとした。

記事は、今回の発見について研究の主執筆者である名古屋大学の早川尚志特任助教による言葉として、「一八七二年二月のチャップマン・シルバーマン・イベントが『近代史上最も激しい磁気嵐の一つ』（同前）だったことが確認された」と説明。「その規模は、一八五九年九月のキャリントン・イベントや一九二一年五月にニューヨークを襲った磁気嵐（ニューヨーク鉄道嵐）に匹敵するものだった」（同前）。

早川氏はこうした極端な太陽嵐は「めったに起こらない」（同前）としつつ「現代に入ってからこのような超巨大太陽嵐が起きていないことは幸いだ」（同

前）と指摘。その上で、わずか六〇年間に三回も超巨大太陽嵐が発生した事実は「現代社会にとって現実的な脅威」（同前）だとし、こうした現象の影響を評価し、理解し、緩和するための歴史的記録の保存と分析が重要だと結論付けている。

キャリントン級が決して特別ではない、つまりさらにひどい太陽嵐が起こり得るという証拠は、二〇一二年に得られた。なんと、キャリントン級をはるかにしのぐメガストームが、七七五年頃に発生していたことがわかったのである。一説には、その規模は「キャリントン級の一〇倍」であった。

同時期、イギリスのアングロサクソン年代記には「空に赤い十字架と見事な大蛇が現れた」という記述がある。また、ドイツにある修道書には「教会の上を燃え盛る二枚の楯《たて》が動いていくのを目撃した」という記述があり、さらには当時の中国（唐）の天体観測を記録した新唐書にも「太陽の脇に青色と赤色をした気が現れた」との記載がなされていた。

これらの記述を元に一部の科学者は、この時の太陽フレアが〝三〇〇〇年に一度〟というとんでもないものであったと推論している。今となってはわかりようもないが、私たちの想像をはるかに絶する量の太陽フレアが地球に降り注いでいる可能性は、まったく否定しきれないのだ。

何にも増して恐ろしいのは、キャリントン級の太陽フレアは決して特別ではないということである。それでも昔の社会が大惨事を免れてこられたのは、単純に電気への依存がなかったからだ。

しかし、七七五年のようなスーパーフレアが現代の社会インフラを直撃すれば、それは壊滅的な結果を招くだろう。そのような恐ろしい太陽フレアが、下手をすると二〇二五年にも起こり得るのだ。

さて、章の冒頭で大昔の中国、堯の時代に一〇個もの太陽が同時に出現し、人々は灼熱の地獄を味わったと記したが、実は世界的にも太陽フレアにまつわるとされる〝凶兆〟がいくつも残っている。それは、世界の緯度の低い地域で伝わっているもので、太陽フレアの副産物である「オーロラが見えると不吉なことが起こる」というものだ。

たとえばドイツでは、アドルフ・ヒトラーがポーランドを侵攻する前夜に真っ赤なオーロラが空を覆《おお》い尽くしたとの記述が残っている。ここ日本でも、織田信長が本能寺の変の前に見たということを、「赤気《せっき》を凶兆《きょうちょう》ととらえずに戦に向かったことについて、当時の人々が驚いていた」とポルトガルの宣教師ルイス・フロイスが記録に残した。

二〇二四年五月に日本各地で見られたオーロラも、ある種の凶兆だとしたらどうだろう。太陽フレアに関してはわかっていないことも多く、正直なところ何とも言えないが、一部の科学者が灼熱地獄（ここでは太陽フレアによる大きな被害）によって現代社会が後退するリスクを警告していることには注意が必要だ。最悪の場合、数週間から長くて数年に亘って現代文明を〝凍結〟させる可能性が指摘されている。

仮に、世界の広範囲で現代の社会インフラが急停止するようなことになれば、それは真に大惨事だ。他の大災害と同様に、「巣ごもり」への備えを進めておくべきであろう。

現代インフラ停止⁉　二〇二四年七月一九日「ＩＴ大乱」

今年二〇二四年七月一九日、米カリフォルニア州レディングにあるＣＮＮ提携会社のテレビ局ＫＲＣＲで、とある珍事件が起こった。なんと、近年では珍しく「手書き」の天気予報が登場したのである。近年では、ニュースで天気予報を伝える際には、画面合成のためグリーンスクリーンの前でグラフィックを活用して地域別の天気を伝えるのが一般的だ。ＫＲＣＲも例に漏れず、いつもはそうやって報じていたのだが、この日は事情が違ったのである。

実はこの日、世界的にいわゆる「ＩＴ大乱」が起こっていた。原因は、米セキュリティ企業クラウドストライクのアップデートがマイクロソフトのウインドウズＯＳと衝突した結果、マイクロソフトのクラウドサービスに障害が発生したことにある。これにより、世界の多くの国と地域でＩＴサービスがダウンし、七月一九日から二日間に亘って大きな混乱が起きた。世界的に航空便に混乱が生じ、欠航は約三二〇〇便、遅延は約三万便に達したという。またアメリカでは「救急救助サービス９１１」への通報がダウンし、一部の病院では手術の中止を余儀なくされた。さらには米一〇大銀行の一つであるＴＤバンクのオンライン口座が接続できなくなり、裁判所のシステムも一時ストップしている。テスラの工場の一部でも、生産ラインで稼動がストップした。

前出ＫＲＣＲの気象キャスターである、プレストン・ドニオン氏がテレビ局に出勤した時も混乱の真っ最中だった。天気予報のために必要なグラフィックは使用不可能となっていた。対策を熟考したドニオン氏は、ペンを取り出して白い紙の上に黒いペンでカリフォルニアの地図を描き、天気は赤色で表示した上でこの紙を画面に出し、カメラの前に立ったのである。

これに対し、ある視聴者が「(ドニオン氏の）気象予報に対するレトロなアプローチ方式は、まるで紙の地図を使っていた一九七〇年代に戻ったようだ」という反応を見せたとＣＮＮは伝えた。そして、ＣＮＮの気象学者エリーサ・ラファ氏が「私たちがどれだけテクノロジーに依存しているのか、驚くばかりだ」

と話したと伝えている。

そう、私たちは忘れているのだ。いかに普段の生活が、電気やテクノロジーに依存しているかということを。二〇二四年七月のIT大乱は、そのことを端的に教えてくれたが、仮に二〇二五年にもスーパーフレアが地球に降り注げば、IT大乱の比ではないほどの混乱が襲う可能性がある。

私たちの身近には、スマホやパソコンといったハイテク機器、さらにはエアコンなどのローテク機器が無数にあり、それらは一般的に電子制御されているが、大規模な太陽フレアがこれらを無効にしてしまう恐れがあるのだ。

ありとあらゆる電子機器に囲まれた生活が突如ストップし、しかもそれが数週間から下手をすると数ヵ月（最悪の場合は数年単位）も続くことを想像してみてほしい。それが局地的ではなく、世界の広範囲で起こるのだ。

人との連絡や仕事にスマホとパソコンを使っている人は多いが、これらが一瞬にしてパーになる。単純に〝パニック〟だ。さらには、真夏（酷暑）の最中にエアコンが止まれば、もはや生死に関わる人が続出する。繰り返しになるが、

スーパーフレアがおよぼし得る影響

通信への影響

ラジオ通信、GPSシステム、衛星通信などの電磁波に基づく通信に影響を与える可能性がある。これは電離層の乱れや信号の反射、吸収の変化によって引き起こされる。

電力網への影響

電力網にも影響を与える可能性がある。これは送電線に誘導電流を生じさせ、電力系統の過負荷や機器の故障を引き起こすことがあり得るため。

宇宙船や宇宙飛行士への影響

宇宙船や宇宙飛行士は、宇宙空間における太陽フレアの影響を受けやすい。放射線の増加による健康への影響や、電子機器へのダメージが懸念される。

航空機の通信と航法

航空機の通信や航法にも影響をおよぼす可能性がある。無線通信やGPSの正確性に影響を与えることがあり得る。

それが数ヵ月単位で続くかもしれないのだ。
三一ページに太陽フレアがおよぼし得る影響をまとめておく。

太陽フレアで縄文時代へ先祖返り？

――ある日の夕方、原因不明の停電が首都圏を襲う。交通機関はすべてストップし、信号や街灯が消えた道路を帰宅難民となった何万人もの人々が埋め尽くす。何が起きたか理解できず、ニュースを見ようにもテレビやラジオの電源が入らない。携帯電話やスマホも動かない。家族の様子が気になったあなたは、連絡手段が何もないことに茫然《ぼうぜん》とする……。

これは以前に小学館の雑誌「ＳＡＰＩＯ」（二〇一七年八月号※現在は不定期刊）に掲載された『電磁パルス（ＥＭＰ）攻撃』を元にしたシナリオだ。この電磁パルス攻撃とは、核を高高度の上空で爆発させることで瞬時に強力な電磁波を発生させ、電子機器に強力な負荷をかけ、誤作動させたり破壊したりすることを指す。そして、電磁パルスは太陽フレアによっても起こるのだ。

前出SAPIOは、二〇〇四年に米議会に提出された専門家委員会の報告書「電磁パルス攻撃の合衆国への脅威評価」を引用し、「電磁パルスで米国全土の社会インフラが崩壊し復旧が遅延すると食料や燃料などの不足と衛生面の悪化により深刻な疾病及び飢餓が発生して、『一年後には米国人の九割が死ぬ』と報告している」（SAPIO二〇一七年八月号）と伝えている。

極めて恐ろしいシナリオだ。米中央情報局（CIA）で一〇年間ロシアの核戦略の分析責任者を務めたピーター・ビンセント・プレイ博士は、二〇一七年七月に作成した報告書『核の電磁パルス攻撃と組み合わせたサイバー戦争』で「中国は電子機器を破壊する電磁パルス攻撃に特化した核弾頭を製造している」と記している。プレイ博士によると、中国、ロシア、イラン、北朝鮮はアメリカ社会が電気・電子・技術に大きく依存していることに着目し、このネットワークを標的とするよう軍事計画を修正しているようだ。

こうした悪の枢軸《すうじく》による電子パルス攻撃も相当な脅威だが、太陽フレアの被害は地球上の広範囲におよぶ可能性を秘めている。それは、言うなれば全世界同時ブラックアウト（大停電）だ。復旧に時間がかかれば、そのうち都市部を中心として餓死者が続出するだろう。

前出のＳＡＰＩＯは、ここ日本を念頭にとても恐ろしいシナリオを提示しているので引用したい。なお、この記事ではあくまで「電磁パルス攻撃」における想定だが、太陽フレアのそれも被害が似通《にかよ》っているため、そのまま引用する。

現代は電気・電子機器が生活の隅々に行き渡っているゆえ、電磁パルス攻撃の被害は底知れない。最も懸念されるのは国民生活に不可欠な社会的インフラへの影響だ。

発電・送電システムがダウンするとブラックアウト（大規模停電）が発生して、鉄道、航空、船舶などは軒並みストップする。東日本大震災の時の首都圏のように、交通機関のダウンで大量の帰宅難民が発生する。

物流も滞り、食料や医薬品をはじめとする様々な必需品が不足する。核爆発の高度が低ければ被害範囲は狭くなるため、電磁パルス攻撃を免れた地域から物資を輸送できるが、連絡手段や交通インフラが麻痺した大混乱の中で、迅速かつ正確な輸送は困難となる。

金融機関への影響も深刻だ。災害時に欠かせない現金を引き出そうにもＡＴＭが作動しない。銀行のデータセンターでは預金などの顧客データが使用できなくなる可能性がある。電子取引の停止で証券市場は大混乱に陥るだろう。

身近な例では高層マンションのエレベーターが停まり、閉じ込められる住人が出る。助けを呼ぼうにも連絡手段がない。警察も消防も職員の招集すらままならず、警察車輌も救急車も電気系統が破壊され動かない。

水道、ガスの供給も止まるだろう。都市部では災害時用の井戸に長蛇の列ができる。

3・11の悪夢がよみがえるのが原子力発電所だ。送電線からの外部電源を利用する原発が非常用電源や自家発電で停電に対処できない場合、冷却ができなくなり、福島原発事故のようなメルトダウンが現実味を帯びてくる。

爆風や放射能の影響で人が死ぬことはないが、直ちに人命に関わるケースも発生する。医療分野では生命維持装置や心臓ペースメーカーが停止する恐れもある。航行中の飛行機が制御機能を失って墜落したり、運転中の自動車の電気系統が破壊されて交通事故が多発したりすることも考えられる。

この攻撃が厄介なのは、復旧までに多大な時間を要することだ。きわめて広範囲に被害が及ぶため復旧要員や修理装備・備品が圧倒的に不足し、被害の長期化は避けられない。前述の米国の報告書では、復旧まで数週間から数年かかるとされる。

（SAPIO二〇一七年八月号）

大規模な太陽フレアによる被害と対策

想定される最悪の被害

- 通信・放送が2週間断続的に途絶
- 携帯電話で2週間断続的に通信障害
- 測位精度の低下によるドローンや車両の衝突事故
- 気象観測・防衛監視・船舶用などあらゆるレーダーが2週間断続的に途絶
- 天気予報など衛星サービスが停止
- 衛星の寿命が短縮、大気圏突入による損失
- 航空・船舶の運航見合わせで物流が停滞
- 広域で停電が発生、変圧器の損傷により電力供給に影響

対 策

- 大前提として見えない・体感できないものであると理解する
- 外出など計画の見直し
- 複数の連絡手段の確保
- 非常食・水、蓄電器などの確保
- 機器のハードを守る工夫（コンセントからプラグを抜く）

こうしたシナリオが仮に二〇二五年にも現実のものとなれば、かつて隕石《いんせき》が恐竜を滅ぼしたほどのインパクト（衝撃）を人類社会にもたらすことも考えられる。これはまさに、キリスト教で言うところの〝最後の審判〟だ。

今世紀で最大のブラック・スワン（想定外の事象）は太陽フレアによる「PT境界」（二億五〇〇〇年前の古生代と中生代の境目を言う。そこで史上最大級の大量絶滅が発生した）のような事態であるとすれば、それこそ洒落《しゃれ》にならない。たとえばここ日本は、一気に縄文時代へと〝先祖返り〟してしまう。

SHOGEN氏の証言

「縄文時代への先祖返り」など、私にとってもにわかには信じがたい。しかし、私は二〇二四年に旧知の仲である神薙慧《かんなぎけい》氏を著者とする『2025年7の月に起きること』（第二海援隊刊）と題した書籍を発行したが、そこでは超常現象のような神秘的な予想を多く披露《ひろう》しており、その中で「SHOGEN」氏という男性が指摘していることに注目してみたい。

ＳＨＯＧＥＮ氏とは、最近「YouTube」を中心に一部の人たちから高い関心を集めている人物で、「二〇二五年七月」に世界が大きな分岐点にさしかかると指摘して世間の耳目《じもく》を集めている。そこで単行本『２０２５年７の月に起きること』を元に、ＳＨＯＧＥＮ氏が語っていることを紹介したい。

普段はペンキ画家を生業としているＳＨＯＧＥＮ氏がなぜ注目を集めているのかというと、それは彼が絵描き修業の旅先で経験した、不思議な話に多くの人々が魅了されているからである。

このＳＨＯＧＥＮ氏は、大学卒業後に大手化粧品会社に勤務していたが、ある日ふと立ち寄った雑貨店でタンザニアのポップアート「ティンガティンガ」に魅了され、自らティンガティンガを描くことを決意した。

ティンガティンガとは、タンザニアの画家エドワード・サイディ・ティンガティンガが生み出した絵画手法で、元々は建築資材にエナメルペンキで絵を描いたところから始まっている。専門教育を受けていない素朴な手法が評価されており、サル、ヘビなどの身近な動植物や自然が多く描かれ、色の鮮やかさ、そして発色の美しさ、自由な作風が特徴だ。

さて、ティンガティンガとの衝撃の出会いを果たしたSHOGEN氏は、すぐさま行動に出たという。即日、勤め先に退職願を出し、絵画修業のため二〇一四年七月に単身アフリカに渡ったのだ。所持金、わずか一〇万円。語学もコネもまったくない中で、なんとかタンザニアのアーティストに弟子入りを果たす。「村人と一緒に生きながら絵の修行を許された唯一の外国人」として研鑽《けんさん》を積んだ。日本に帰国後もアーティスト活動を続け、スターバックスでの個展や地元の子供たちとのライブイベント、新聞・雑誌・テレビなどのメディア出演の他、YouTubeも大いに話題になっている。

しかし、現在SHOGEN氏が注目されているのは、アーティストとしてと言うより修業中のタンザニアで経験した不思議な話のためだ。SHOGEN氏は、首都機能のあるダル・エス・サラームの北西にあるブンジュ村というところに滞在していたのだが、人口二〇〇人ほどの小さな村で周囲の村々からもちょっと変な村として見られていたという。ＳＨＯＧＥＮ氏は、その村を訪れた初めての外国人だったというのだが、不思議なことにその村には日本人の文化や価値観が色濃く反映されていたそうだ。

そして、その不思議な村で、さらに不思議なことが起きる。日本からきたＳＨＯＧＥＮ氏に対して、その村の七〇歳くらいの村長がこんな話をしたというのだ――「自分のおじいちゃんは今から一二〇～一三〇年前に生きていたが、村のご祈祷《きとう》やご神事などを行なうシャーマンだった。そのおじいちゃんはある時、夢の中で日本人から大事なことを教わったのだ。人が生きて行く中でどうしたらよいのか、自然と共存して行くにはどうすればよいのか、皆が幸せに歩んで行くためにはどうしたらよいのか。そういう、生きて行く上で本当に大切なことを、その日本人からすべて習った」と。

ＳＨＯＧＥＮ氏は、ちょっとからかわれているのかとも考えたようで、村長に「どんなところに住む日本人だったのですか?」と聞いたそうだ。すると、こんな答えが返ってきたという――「その当時の日本列島に住む人たちは皆、穴を掘ってそこに家を建てて住んでいた。その穴の中に入って座ると、自分の目線がアリンコと同じ目線になる。つまり、大地と同じ目線だ。そして、その人たちは女性や木の実をモチーフにした土器をたくさん作っていた」。

そして、村長からは他にもこんな話をされたという——「その日本人がすごした時代は、一万~一万五〇〇〇年続いた。亡くなった人に争いの傷がない、すごく愛と平和であふれた素晴らしい時代だった」。

穴を掘って家を建てるのは、竪穴式《たてあなしき》住居の特徴だ。女性や木の実をモチーフにした土器とは、おそらく土偶《どぐう》が一番近い。また、縄文時代は一万年以上続いたとされ、極めて平和で争いのない時代であったと考えられている。発掘された遺体や人骨などを分析しても目立った外傷などが極めて少ないため、争い事が少なかったことが推定されるのだ。つまり夢に出てきた日本人とは、縄文時代の人だと考えられるのだ。

さらに、こんなことも教えられたそうだ——「地球の中で、一番大切なのは日本だ。宇宙の中のパワースポットが地球で、地球の中でのパワースポットは日本なんだ」「日本人が世界の中で一番心が豊かで、精神的に先を行っている」。SHOGEN氏は、この話に関連して日本人には優れた特質があると村長から聞いたと話す。自然と対話し、自然に寄り添うことができるという性質だ。SHOGEN氏はその著書の中で、私たち日本人は「虫の音《ね》」を虫たちの「会話」と想像しながら聞くことができるが、これは実は日本人の特殊な感性・能力であり、脳科学的に言えば虫の音を言語を司《つかさど》る左脳で聞いているためだという。ほとんどの人種・民族は、虫の音を右脳で聞くため、単なるノイズとしてとらえるというのだ（注：脳科学分野の研究でそうした傾向が示されることが明らかになっている。他にポリネシア系民族の一部にも日本人と同様の傾向が見られたという。もちろん、欧米人などの中にも虫の声を「会話」と表現する作家などがいるように、個人差による部分も大きい）。

さて、アフリカの小さな村に縄文時代の日本人とおぼしき者から教えを受け、それを参考にして日本文化や価値観を色濃く反映した生活を送る人々がいることも衝撃だが、この話にはさらに衝撃的な続きがある。SHOGEN氏は、村長からこんなことを告げられたというのだ。

――「二〇二五年七月に世界が大きく変わる」

何が起きるのか、それによって人々がどんな目に遭うのかは語られないものの、「二〇二五年七月に世界が大きく変わる」出来事が起きるというのだ。そして世界が変わった後には、皆が協力し合って生きて行かないといけない時代、そして皆で生きて行くことの素晴らしさを実感できる時代がくるという。

さらにその時、「人々はふるいにかけられる」とも告げられたそうだ。

どういうことかというと、たとえばお金、名誉、地位といった、現代人が重きをおく価値観が崩壊し、そうしたものにすがって生きてきた人たちはこれから先、生きて行けなくなる時代がくるというのだ。

村長は、そうした時代を生き抜くために変えるべきこと、備えるべきことを話したという――「そうした時代が到来するまでの間に、どうしたら人間らしく生きて行けるのか、自然とどう向き合って行けばよいのかを真剣に考え直すことが重要だ。さらに、心でつながり合えるコミュニティを作っておくことが必要で、皆が『血がつながっていない家族』のように生きて行く必要がある」。

　ブンジュ村の村長の教えは、そこから心や精神が重要な時代になること、そして日本人には元々その気質が備わっていたことに話が移って行く。たとえば、村長の祖父が夢で見た日本人（縄文時代の日本人）は皆、人間らしさ、人との心のつながりを重視して生きていたと。二〇二五年七月に世界が大きく変われば、日本はそうした本来の姿に戻って行くのだと。

　人が協力し合う重要性については、こんな話もあったという。ある日、村長が――「ＳＨＯＧＥＮ、君は発達障害だ」と言った。何のことかと続きを待つと――「私も発達障害だ」という。ますますわからないのだが、こういうことだった。――「世界中の皆、誰もが発達障害だ。すべて完璧にできる人間など一人もいない。皆でこぼこで、できることとできないことがある。だからお互いできることを持ち寄って、協力し合うことが重要なのだ。そうして皆で生きて行くと、それがいかに幸せなことか、豊かなことかを知ることになる。人間は、そうしたことを学ぶためにでこぼこにできているんだ」。

また、自然に寄り添うことについて、村長はこんな話もしたそうだ――「日本人（縄文時代の人々）は、元々土とも木とも葉っぱとも、葉っぱの雫《しずく》とも話をしていた。自然に話しかけ、自然と心を通わせ、自然を敬い、大切にしてきた。しかし時代は変わり、今の人々は物質的な豊かさを追い求めるようになった。その結果、人々がどうなったか。豊かさの追求で行き着いた先は、自然破壊・環境汚染からくる肉体や精神の分離や乖離《かいり》だ。うつ病や精神病になる人がたくさん出て、自殺する者も増えた」。

ＳＨＯＧＥＮ氏は今、皆が協力し自然を大切にするブンジュ村の人々と共に生活し、絵を学ぶ中で村長が伝えた人として大切にすべきものを様々なところで発信している。それは、彼にとって絵を描くことと同等、あるいはそれ以上に重要な使命だというのだ。

「二〇二五年七月に世界が大きく変わる」

さて、このSHOGEN氏の不思議な体験談の中でもブンジュ村の村長が発した、「二〇二五年七月に世界が大きく変わる」という点には、ことさら注目したい。というのも、本章の冒頭で述べたように、アメリカの宇宙天気予報センターが今回の太陽サイクル25の極大期は「二〇二五年七月」に迎える可能性が高いと計算している。もちろん、極大期（太陽活動）の予測は現代の技術を駆使しても難しいため確実なことは言えないが、この符合は大いに気がかりだ。

前出の単行本『2025年7の月に起きること』では、隕石の衝突や大地震による津波などのリスクについて警鐘を鳴らしているが、太陽フレアに関しては触れていない。しかし、私は太陽フレアについて調べるにつれ、太陽フレアも文明を後退させる威力《いりょく》を持っていることに気付いた。

文字通り、これほどまでに電気に依存した現代社会が大規模な太陽フレアの脅威にさらされるのは史上初のことである。私は、経済ジャーナリストとしてあくまでも現実主義を自認しており、安易に「終末論」などといった言葉を発したくはないが、一方で「ブラック・スワン」を軽視し過ぎる風潮にも一石を投じたい。

地球の長い歴史を振り返ると、時に文明がひっくり返るほどの〝激変〟が、意外にも多く起こっているのである。

「スーパーフレア」で人類絶滅？

歴史の中で、生物は少なくとも五回以上の大量絶滅に瀕しています。大量絶滅というと、私たちは中生代白亜紀末の恐竜の絶滅をまず連想しますが、史上最大規模の絶滅はそれよりももっと前、約二億五一〇〇万年前、古生代ペルム紀末に起きました。なんと全生物種の九割以上が絶滅したというのです。

これらの大カタストロフィはどうやって起こったのか。白亜紀末の恐竜の絶滅については巨大隕石の衝突が有力と考えられていますが、それ以前の四回の大絶滅の原因については未だ謎です。共通しているのは、なんらかの激しい気候変動に見舞われたであろうという見解です。原因は様々取りざたされ、巨大噴火の発生や隕石の落下などが議論されているのですが、私は短期間での大量絶滅については、スーパーフレアが候補に入ってもおかしくないと考えています。

（柴田一成著『太陽の脅威と人類の未来』）

京都大学の元名誉教授であり現在同志社大学理工学部教授の太陽研究の第一人者として知られる柴田一成氏は、自身の著書『太陽の脅威と人類の未来』（角川新書）でこう指摘した。

スーパーフレアによる人類滅亡を題材にしたハリウッド映画がある。それはニコラス・ケイジ主演の『ノウイング』という映画で、劇中では飛行機や地下鉄が次々と大事故を起こすのだが、その原因はすべて強烈な太陽フレアにあるという設定だ。最後はスーパーフレアが地球を焼き尽くすという、一貫して陰鬱《いんうつ》な内容の映画である。

正直、私たちの世代が劇中のような人類を焼き尽くすレベルの太陽フレアを心配する必要はない（可能性はゼロではないが）。私たちが危惧《きぐ》すべきは、間接的な被害だ。すなわち、地球規模のブラックアウト（停電）で現代の社会インフラがすべてストップする事態である。

私を含めて何不自由のない暮らしを送る現代人からすると、長期間の停電がどういう状態であるかまったく想像が付かない。照明、テレビ、冷蔵庫、スマホ、パソコンなどの家電《かでん》製品はすべて使えず、おそらく電車や飛行機なども利用できなくなる。ＡＴＭから現金を下ろすこともできない……。こうなると数週間から数ヵ月で餓死者が出始めるのではないか。

強力な太陽フレアに限らず、私たち日本人には大地震や台湾有事（シーレーン断絶によって補給が滞る事態）などによって不自由な生活を余儀なくされるリスクが常に付きまとっている。ゆえに今世紀は、「サバイバル必須の時代」だ。そこで、最近のアメリカでムーブメントとなっている、「世界の終わり」に備える人々をこの章の最後で紹介したい。

世界の終わりに備えよ――「プレッパーズの教え」

アメリカには、「サバイバリズム」（生存主義）という言葉がある。これは、食糧備蓄などをして文明の終わりに備えることを指す言葉だ。それを実践する人たちをサバイバリスト（生存主義者）と呼ぶのだが、彼らは「プレッパーズ」とも呼ばれ、その数は全米で三〇〇万人以上に達すると言われている。

彼らは、世界の終わりに備えて、水や食糧の備蓄、さらには農園を作っての自給自足、地下にシェルターや武器の収集、戦闘技術や応急手当などのサバイバル技術を磨いて自衛を志《こころざ》す。

かつては、孤立した非都市部の保守的なアメリカ人と関連付けてプレッパーズを語ることが多かったが、全米のプレッパーズを紹介する『プレッパーズ――世界滅亡に備える人々（原題：Doomsday Preppers）』というテレビシリーズが制作されて人気を博したこともあり、最近ではシリコンバレーの富裕層をはじめ、多くのリベラルな人たちもこの運動に加わるようになったのだ。

巷《ちまた》では様々な終末論が飛び交っているが、彼らは世界が終わる理由にはあまり関心を示さない。金融危機、ハイパーインフレ、パンデミック（伝染病の大流行）、台風や竜巻、巨大地震、津波、太陽フレア、はては隕石の衝突まで、とにかく可能性がゼロでない限り、できるだけ備えておこうと考えている。

米ビジネスインサイダー（二〇二四年七月二七日付）は、アメリカでは現代生活がますます快適になるにつれ、不安を募らせている人もいるとし、自然災害や別の世界滅亡シナリオによって公共サービスなどが大混乱する可能性に備えておこうと考える人が増えていると指摘。アメリカ合衆国連邦緊急事態管理庁（Federal Emergency Management Agency）のデータ分析を引用した上で、二〇〇〇万ものアメリカ人が一ヵ月は自力で生き延びることができると伝えた。

その中には、オンラインの「プレッパー（準備する人）」コミュニティーの一員だという人もいるようで、彼らは数年分の物資を備蓄したり、貯蔵庫を作ったりと熱心な人もいるという。

率直に言って、私たちも彼らを見習いたいものだ。日本は自然災害が多く、普段から日本人は備蓄や自衛に励んでいると思いきや、意外にも実態は違う。

株式会社ウェザーニュースが実施した「減災調査２０２３」によると、非常食の平均備蓄日数は三・〇一日。相次ぐ災害にコロナ禍の影響も加わり、ここ数年は大きく増加していたようだが、それでもたった三日分しか用意していないというのは驚きだ。ちなみに、非常持出袋の点検を一年以内にしたという方は三人に一人程度で、半数近くはそもそも非常持出袋を持っていなかったり、点検できていないという

備蓄が三日分しかないというのは、多くの人が災害発生後の七二時間ルールを意識している可能性が高い。これは、ライフラインの復旧や支援物資の到着までには一般的に三日程度かかると言われていることから、その間は自力で生

き抜く必要があるという目安だ。

しかし、この七二時間ルールがハザードマップと同様に「安全マップ」と化しているのではないかと私は懸念する。言い方を変えると、七二時間を生き抜ければ必ず助けがくると高《たか》をくっているのではないか、という懸念だ。

おそらく、ほとんどの人は本当のカオス（混沌）を過小評価している。仮にも南海トラフ地震や首都直下型地震、さらには富士山の噴火や台湾有事（シーレーン断絶）が起これば、七二時間で救援がくるとは思えない。むしろ被害が広範囲になればなるほど、救援までに絶望的な時間を要することになる。

私はコロナ禍で思うところもあり、またアメリカである人物に出会ったことで、数年前から本格的に備蓄をするようになった。水はもちろん、食糧やペーパー類、ローソク、蓄電池（それも大型で複数）にさらには貯水タンクまで装備している。今後は、自家発電システムを整備する予定だ。また、災害には治安の悪化が付き物のため、防犯にも注力している。

こうして私は、本稿執筆時点（二〇二四年八月上旬）で、大災害かつ無政府状態になったとしても、少なくとも自力で三ヵ月は生き延びられるはずだ。この期間を、私はゆくゆくは半年から一年にしようと対策を前に進めている。

私のお手本は、著名ヘッジファンド・マネージャーのカイル・バス氏だ。バス氏は、米テキサス州ダラスに拠点を置くヘイマン・キャピタル・マネジメントの最高投資責任者で、私は二〇一三年と二〇二二年に会っている。ちなみにバス氏は、サブプライムバブル崩壊を予測して一躍スターダムにのし上がった。

彼は日本や中国の破綻、世界的な食糧危機、さらには第三次世界大戦といった破局的なイベントがこれから起こると予想している。健全な保守思想の持ち主で現実主義者のバス氏は、〝備え〟も本格的だ。

まず、テキサスの郊外に私たちの想像を絶する農地を持っており、農業に酪農、さらには戦闘の訓練を日頃からしている。私が驚いたのは、収穫した小麦を精製する工場まで建てていたことだ。

プライバシーに関わることなので詳細についてはあまり述べないが、バス氏はテキサスの元州兵たちの再訓練を請け負っており、アメリカの内戦や中国との紛争に真剣に備えている。私もその様子を視察したが、日本ではまるで見たことない景色に唖然《あぜん》とした。自給自足に加えて戦闘訓練などと言うと、ここ日本では冗談のような話で終わるが、彼らは至って本気である。

私も彼らを少しでも見習い、〝サバイバリスト〟としてより精進《しょうじん》しようと決めた次第だ。私の自宅には大きな地下室があるのだが、究極的には核戦争にも耐えられる部屋に改造しようと思っている。

間違いなく、二一世紀は災害と戦争の時代だ。もはや、何が起こっても不思議ではない。本書のテーマは太陽嵐だが、もはや今世紀はなんでも起こり得る。人類文明が危機に瀕することも否定できない。その中でも決してあきらめず、最善を尽くして生き残りを図ることが何よりも重要なのである。

第二章　あなたのスマホが止まる！

文明の利器は便利な暮らしをもたらしもしたが、
わたしたちに及ぼした損害も計り知れない

（マハトマ・ガンジー）

スマートフォンが使えない！

　スマートフォン社会の現代において、朝起きてすぐにＳＮＳ（ソーシャル・ネットワーク・システム）を確認する人は案外多い。寝ている間に友人から連絡がきていないか、または知人や有名人がなんらかの投稿を挙げていないかどうかをチェックするためである。

　諸説あるが、スマホの原型が誕生したのは今から二八年前の一九九六年、携帯会社大手の「ＮＯＫＩＡ」が発表した「Nokia 9000 Communicator」がその先《さき》駆《が》けと言われている。形は携帯電話というよりも画面とキーボード部分がわかれた構造で、電子辞書やポータブルゲーム機に似たものであった。

　その同じ年にカナダの企業向けの通信機器メーカー「ＲＩＭ社」が発表した「インタラクティブページャー」は、初めてチャット機能が付いた（双方向型メッセンジャー）機器として話題を呼んだ。この機器はバージョンが新しくなるたび機能が追加されて行き、二〇〇〇年に発売された「RIM957」はEメールの送受信が可能になり、企業や政府機関で重宝された。

そして、この流れが二〇〇二年に発売された「ブラックベリー」に引き継がれて行く。ブラックベリーはスマホの元祖と呼ばれるべき存在で、オバマ元米大統領が愛用していたことで有名である。当時は圧倒的なシェアナンバーワンで、二〇〇九年には市場シェアが五〇%にも達している。

しかし、二〇〇七年に登場した「iPhone（アイフォーン）」や二〇〇八年にグーグルの新しいOSである「アンドロイド」に対応した機種が発売されると、ブラックベリーの市場シェアは瞬《また》く間に低下、二〇一三年にはわずか三%以下になり、二〇二〇年夏にはついに販売を終了した。いまや世界中のスマホがiPhoneかアンドロイドのほぼどちらかで、世界ではiPhone対アンドロイドが三：七、日本ではちょうどその逆の七：三ほどの比率になっている。日本人のスマホ所有率は九割以上で、中には二台以上使う人もいる。

これだけ根付いたスマホが、ある日起きたらまったく動かない、ただの箱に

スマートフォンのシェア率

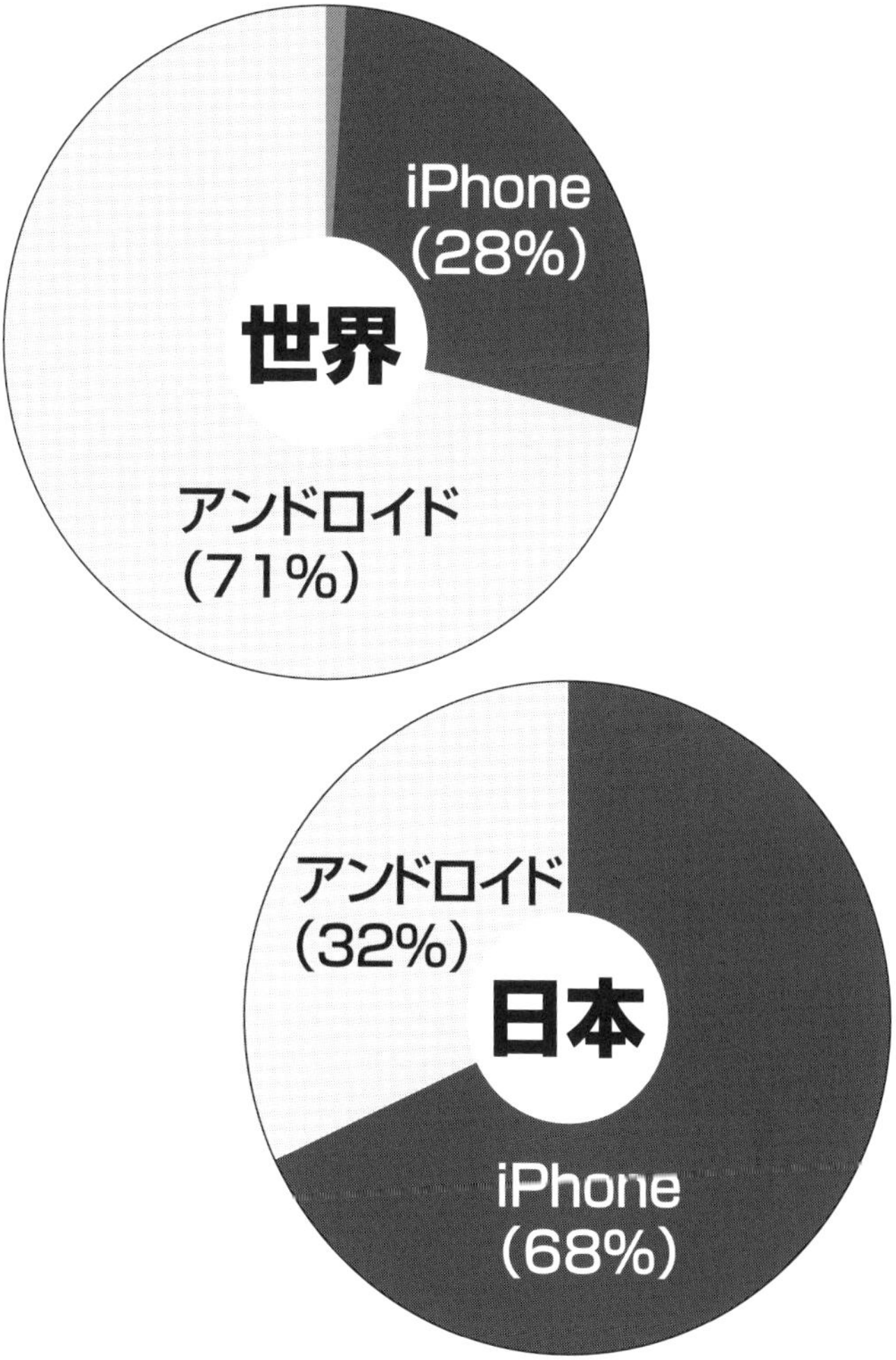

Statcounter Global Statsのデータを基に作成

なっていることを想像してみてほしい。

カーテンから漏れた太陽の光で目を覚まし、スマホでSNSを確認する。どうやら深夜に懐かしい旧友からのお誘いが入っていたようで、「今日は朝から良い日だ」と胸を躍らせる。スマホの時計を見るとAM六時五分であった。そろそろ起きる時間かな、と思いながら友人のSNSに返信すると、画面にくるくると回る表示（「ビジーカーソル」または「リングカーソル」）が出てメッセージを送れない。しばらくしてからもう一度送信してみても、同じ結果である。おかしい、と思いながらスマホの時計を見ると、先ほど見た六時五分のまま変わっていない。いよいよおかしい。起きてカーテンを開けてみると、太陽の光がかなり高い位置から差し込んでいるように感じる。

慌てて壁に掛かっているアナログ時計を見ると、すでにお昼前の一一時三〇分を過ぎたところを指している。ここで初めて、スマホの時計表示が進んでいないことに気付く。七時にセットしたアラームも鳴らなかったようだ。

何が起きているのか、原因を調べようとスマホでネットニュースを見ようとするが、やはり画面にくるくると回る表示が出て埒《らち》が明かない。挙句の果てにはエラー表示が出てしまう。携帯会社の通信障害かと思いつつも事態が把握できないままリビングまで行き、リモコンでテレビをつけてみる。つかない。リモコンがダメならと、直接テレビの主電源を押してみるがダメだ。

こうなるとパニックである。再びスマホを手に取り、親しい友人や家族に電話をしようとするが、電波が入っている様子がない。スマホの電源を入れなおしてみるが、先ほどと状況は変わらない。普段はまったく縁がない一一〇番へ緊急発信しても、それすらつながらない。

こうなると、都会のマンションに居ながらにして無人島に漂流《ひょうりゅう》したような絶望的な気分になるだろう。この原因は、朝六時五分に降り注いだ太陽嵐の影響である。テレビがつかなかったのは、前章で説明した通り太陽嵐により停電が発生したためで、これにより家電製品がすべて使えなくなっているのだ。

そしてこの章で説明するのは、太陽嵐により通信機能が一切失われるという現象である。スマホは電源が入っているにも関わらず、太陽嵐によって電波を一切受け取ることができなくなってしまうのである。ＳＮＳのデータが飛んで来なくなり、インターネットにつなぐことができない。どこにも電話することができなくなるのだ。

総務省の試算では、最大二週間の情報遮断

太陽嵐による通信への影響について、最近になって日本政府は〝深刻な懸念《けねん》事項〟として扱うようになっている。二〇二二年四月に総務省主催の「宇宙天気予報の高度化の在り方に関する検討会（第8回）」において、太陽嵐についての最悪シナリオが公表されている。

その最悪シナリオとは、一〇〇年に一回ほどの頻度で発生する極端な宇宙天気現象「エクストリーム・イベント」で、一八五九年に起きた巨大太陽嵐「キャリントン・イベント」に匹敵するほどの規模を想定したものだ。

それによると、スマホをはじめ携帯電話は、昼間の時間帯に最大で数時間程

度のサービス停止が、全国の一部のエリアで二週間に亘り断続的に発生する。また、スマホからのインターネット接続も困難になる。そして携帯電話システムが使用できる周波数が一時的に逼迫《ひっぱく》するため、通信回線へのアクセスの集中や通信の途絶《とぜつ》が発生し、緊急通報（警察一一〇番、救急車一一九番、海上保安一一八番）がつながりにくい事態が各地で発生するのである。

影響を受けるのは、携帯電話の電波だけではない。短波帯の電波を用いる船舶無線や航空無線、アマチュア無線、そして短波放送は多大な支障が生じる。他の周波数の電波も軒並み悪影響を被る。防災行政無線、消防無線、警察無線、タクシー無線、列車無線など、すべての無線システムが壊滅状態となる。そして、ラジオ放送やテレビ放送も同じである。

他にも衛星電波など電波の種類は多く、例を挙げるとキリがないが、いずれにしてもあらゆる電波が最大二週間に亘り、全国的に断続的に使用不可になるというのが総務省で行なわれた検討会の結論である。

太陽嵐による通信障害は、一〇〇年に一回ほどの頻度で発生するエクストリーム・イベントのような特別な時でなくても、実は普段からたびたび発生している。今年（二〇二四年）六月二五日付の日本経済新聞では、太陽嵐による通信障害についての記事が掲載されている。その記事の中で、日本を含む東アジアとヨーロッパをつなぐ北極海航路を取り上げ、その魅力を「燃料代が安くなる」「政情不安定な中東の航路を回避できる」などと紹介する一方で、デメリットとして「太陽嵐による通信障害が起きること」が挙げられている。

具体的な頻度として、通信に影響を与える規模の太陽嵐が日本では数年に一度起きていることに対して、北極海では毎年一〇回ほど起きているのである。しかも、最長で数日続く時もあるそうだ。そこでの通信障害とは、地上局と通信しにくくなったり、全地球測位システム（ＧＰＳ）がずれたりするなどの現象である。比較的軽微《けいび》に見えるかもしれないが、船舶にとって位置情報がわからなくなるのは致命傷になりかねない。北極海は海図が不明瞭な海域もあり、航路を外れると座礁《ざしょう》する恐れが生じるのである。

このような、普段でも北極海などのごく一部の地域で通信に障害を起こしている太陽嵐が、今度は地球全体に通常とは比べものにならないほど強力に降り注ぐのである。

疑似太陽嵐「電磁パルス攻撃」とは

最近注目されているこの太陽嵐の話題を調べるうちに、私にとって特別で懐かしいタイトルの著書を二冊思い出した。一冊は『ＮＴＴが核攻撃される日』で、この書籍は一九九〇年一一月、私の出版社である㈱第二海援隊を作る前に他の出版社から出版した本である。そしてもう一冊はさらに古く、一九八八年二月に出した『破滅へのウォー・ゲーム』。この時は「浅井隆」名ではなく「結城馨」というペンネームで出版しており、私が初めて執筆した本である。どちらの書籍でも、最先端の軍事技術として「電磁パルス攻撃」を取り上げている。

この頃、私はかけ出しの作家で、扱うテーマは今の経済をメインとしたものではなく主に軍事に関する本であった。それというのも、私は毎日新聞のカメラマンをやっていてアメリカの軍事機密に多大な関心を寄せていたからである。

そのカメラマン時代に「ＮＯＲＡＤ（北アメリカ航空宇宙防衛司令部）」の単独取材を敢行《かんこう》し、アメリカの軍事力を目の当たりにすると同時に現場の写真を多数撮影してきた。始めはそれで写真集を出そうとしたのであるが、それでは写真の枚数が足りず、文章を追加して一冊の本ができあがったのである。その最初の本をきっかけに、執筆活動を本格的に始めることになった。

さて、アメリカの軍事施設「ＮＯＲＡＤ」を取材した当時は、まだ米ソ冷戦が続いており、アメリカでは核戦争に対するシミュレーションが研究されていた。ここで登場するのが、「電磁パルス攻撃」である。

核戦争の火ブタが切って落とされるまさにその瞬間、米ソは一体、まず何を攻撃するのか。それは、お互いの首都であるワシントンＤ・Ｃ・やモスクワではない。核戦争用の地下司令部である「ＮＯＲＡＤ」やソ連防空軍の「核戦争用巨大地下司令部」でもない。なんと、相手の本土のはるか上空、ほとんど真空《しんくう》に近い「成層圏《せいそうけん》」を核攻撃するのだ。なぜ、そのような何もないところを狙うのか。実は、これが「電磁パルス攻撃」なのである。

一九八三年一一月二〇日に全米でテレビ放映され、大反響を呼んだ『ザ・デイ・アフター』というテレビ映画がある。視聴率は、なんと四六％、その翌年、一九八四年には日本でも放映された。この映画、米ソによる核戦争の前後を描いた作品であるが、この中で不思議なシーンが登場する。

米中西部の都市カンザスシティーの上空が突然、まるで数百の太陽に照らされたかのように白く、まばゆく輝く。次の瞬間、奇妙なことに自動車やオートバイのエンジンが止まり、ラジオも聞こえなくなってしまう。映画館の照明も消え、電気ポンプで動いていた噴水まで止まってしまう。一体、何が起こったのか。人々は狂ったように車のエンジンスタートキーをひねるが、エンジンはピクリとも動かない。まるで、街全体の機能がリモコンで「停止ボタン」を押されてしまったかのような状態に陥ったのである。

核爆発には、通常知られている「爆風」「放射線」「熱線」の三つのすさまじい破壊的効果の他に、もう一つ知られざる〝チカラ〟がある。実は、核爆発で放出されるのは三つの破壊的なエネルギーの他、低周波、中周波、高周波と幅広い周波成分を含んだ強力な「電磁パルス」が放出されるのである。この電磁パルスが、先ほどの映画の中で起きた不可思議な現象の根源である。他にも電磁パルスを題材に扱った映画は多数あるが、核攻撃を題材にしている映画で電磁パルスが登場したのは、この『ザ・デイ・アフター』の映画が最初であった。

核爆発による電磁パルスは、爆発高度が高くなればなるほど被害が広範囲になる。爆発高度が三〇キロメートルの上空であれば半径六〇二キロメートルが被害範囲となり、一〇〇キロメートルの上空となると半径一一〇〇キロメートルまでが被害範囲に含まれる。日本の本州は、北から南まで一二〇〇キロメートルだから三〇キロメートル上空での核爆発で本州すべてが電磁パルス攻撃を受けることになり、上空一〇〇キロメートルの核爆発では日本列島とその領域のほぼすべてが被害を受けることになる。実は、同じ想定がアメリカでもできる。アメリカは、南北の距離が二六六〇キロメートル、東西の距離が四五〇〇キロメートルである。この規模であれば、上空四〇〇キロメートルのところで

核爆発の電磁パルスによる被害範囲

爆発高度	電磁パルスによる被害範囲（半径）	電磁パルスによる被害範囲（面積）
30 km	602 km	日本の本州全域が範囲に
100 km	1,100 km	日本列島とその領域のほぼすべてが範囲に
200 km	1,556 km	
300 km	1,905 km	
400 km	2,200 km	アメリカ本土のほぼすべてが範囲に

核爆発を起こすと半径二二〇〇キロメートルが被害範囲となり、ほぼアメリカ全土が被害を受けることになる。当時の米ソ冷戦時代では、このような電磁パルス攻撃を考慮した戦争のシミュレーションが最先端だったのである。

当時は最先端とされた電磁パルス攻撃であるが、驚くことに米軍はそれに対抗する処置をすでに構築していた。それが空飛ぶ核戦争司令部、「ルッキング・グラス」だ。米軍を取材した際に実物を見て貴重な内部の撮影にも成功しているので、その写真を七四〜七五ページに掲載しておこう。一見すると普通の飛行機なのだが、中はいろいろな改造が施されている。

まず特記すべきは、核ミサイルの発射装置が積まれていることである。そして、その機体には必ず将軍が乗ることになっている。つまり発射ボタンを押す権限を持つ者が搭乗《とうじょう》し、いつでも標的を核攻撃できるようにしているのだ。それでいて、この機体が何よりもすごいのが、電磁パルス攻撃によって機材が無効化されないように、特殊な防護剤で機内を囲っていることにある。だから機内はかなり暗い状態なのだが、これ一機で当時のソ連を壊滅することができるほどの性能を持っていたというから驚きである。方々で核爆発が起きている中でも飛び続けることが可能で、いざという時にはこの機体からの指示で二〇〇基もの「ＩＣＢＭ」（大陸間弾道ミサイル）を発射することができたのである。

このように、電磁パルス攻撃は米ソ冷戦時代からすでに想定された攻撃スタイルであったが、現代においても十分通用する攻撃方法である。もっとも、今はそれをさらに複合的にした「ハイブリッド戦争」が予想される。このハイブリッド戦争を実際に行なったのが、二〇一四年のロシアによる「クリミア併合」である。この時、ロシアはほぼ無血でクリミア半島を占拠・併合している。

一体、ロシアは何をしたのか。さすがにこの時に核攻撃は行なわれていないが、ロシアはサイバー攻撃で情報を錯乱すると同時に、現地の情報ネットワークを破壊または占拠したのである。これによってクリミア半島に住んでいた住民は、朝起きるとテレビもラジオもインターネットも使えないという状況に陥った。大パニックの状態であり、そこに扇動者《せんどう》を使って優しく手を差し伸べたのがロシアだったのである。こうして二〇一四年のクリミア併合で、ロシア

LOOKING GLASS
ルッキング・グラス

（写真左）戦略空軍（SAC《サック》）司令官用の核戦争機上司令部・「ルッキング・グラス」の「戦闘幕僚室」。右の小窓の両側に見えるのが「ミサイル発射装置」だ。後方にもう一セットあり、二人の要因が同じ手順をふみ、同時に〝キー〟を回すと、二〇〇基の核ミサイルがソ連（当時）本土へ向け発射される。これだけで事実上、ソ連を壊滅できるのだ。

（写真右下）8時間空中待機の極秘任務を終え、降りてきたばかりの「ルッキング・グラス」。有事に即離陸できるよう、近くには「警戒待機戦力」（アラート・フォース）という警告灯をつけた車が常に待ち構えている。

は大成功を収めた。それに味を占め、ドンバス地方（ウクライナの南東部）でロシアは同じことをもくろみ、ウクライナ側はそれに抵抗、約八年に亘り小競り合いが繰り返されることになった。そして、その争いが発展し、二〇二二年のロシアによるウクライナへの侵攻につながったのである。

ロシアによるハイブリッド戦争では核爆発はなく、それによる電磁パルスによる通信障害は発生していないが、ロシア軍によって情報の遮断が徹底的に行なわれた。ここからわかることは、情報を完全に遮断されると人は大パニックに陥り、その影響は極めて大きいということである。それだけ私たちは、情報に依存して生活しているのである。太陽嵐が地球全体に降り注ぎ情報が遮断された時、地球規模でどれほどのパニックが起きるのか計り知れないのだ。

太陽嵐の恐怖は、時代と共に拡大している

総務省主催の研究会で太陽嵐による影響が公表されていることは、先に説明

した通りである。ただこれは、あくまで一八五九年のキャリントン・イベントが起きた場合の想定である。実際には、太陽嵐による悪影響がさらにひどい状況に拡大したとしてもまったく不思議はない。歴史を紐解くと、キャリントン・イベントよりも大規模な太陽嵐が実は過去に幾度となく起きている。

その一つが、「一七七〇年九月一七日、江戸中期に起きた太陽嵐」で、この時は深夜に京都からオーロラが見えたと伝わっている。規模はキャリントン・イベントの一割増という。さらに遡《さかのぼ》ると「一二〇四年二月二一日」にも大規模な太陽嵐が降り注ぎ、京都でオーロラが観測されている。このオーロラ（赤気）を歌人の藤原定家が目撃し、彼の日記「明月記」に「奇にしてなお奇なるべし。恐るべし恐るべし」とその様子を記している。それよりも格段に規模が大きかったのは、「七七四〜七七五年と九九三〜九九四年の太陽嵐」である。これについては、六世紀〜一二世紀頃の屋久杉《やくすぎ》の年輪を調査する中で宇宙線の強度異常からわかったという。特に七七四〜七七五年の方は、キャリントン・イベントの一〇倍の規模であったというから驚きである。あいにく日本ではそれを指した明確な文献は見付けられなかったが、前述のようにイギリスでは日没後に「空に赤い十字架と見事な大蛇が現れた」と、またドイツでは修道書に「教会の上を燃え盛る二枚の楯が動いていくのを目撃した」という記載がある。

そして、極めつけは今から一万四〇〇〇年ほど前、「紀元前一万二三五一年に起きた太陽嵐」である。この規模は七七五年の二倍、キャリントン・イベントの二〇倍の規模であったという。なぜこれほど昔の情報がわかるのかというと、フランスの大学チームがヨーロッパに存在する一万年前に自生していた樹木の化石である「炭素14」の濃度を調査することで、過去の太陽嵐の規模をこれだけ高精度に発見できたというのだ。この紀元前一万二三五一年に起きた太陽嵐は、これまでわかっている地球上の太陽嵐の中で最大の規模となっている。

では、これだけ大規模な太陽嵐によって、一体どのようなひどいことが人類の身に降りかかったのかと言えば、実はほとんど何も起きていない。目に見えるオーロラなどの超常現象に対しては「きれいだ」や「不吉だ」などと、当時体験した人たちは畏怖《いふ》や敬意の念は抱《いだ》いただろうが、実生活はほとんど影響を

過去に起きた太陽嵐の例

大規模な太陽嵐が起きた年	特記事項
紀元前1万2351年	1859年の20倍の規模 過去最大の太陽嵐
775年	1859年の10倍の規模
994年	
1204年	京都からオーロラが観測
1770年	京都からオーロラが観測 1859年の1割増しの規模
1859年	「キャリントン・イベント」と呼ばれる直近で大規模な太陽嵐

受けなかった。少なくとも、表面上の悪影響は皆無である。

なぜなら、その頃は情報端末どころか電化製品も一切ない時代であり、それらを妨害する電波や磁場の発生は何も意味がなかったのである。もっとも、人体には何らかの影響をおよぼしていた可能性も考えられるが、当時はそれを説明するだけの科学がまったく発達していなかった。もし何かあったとしても、「呪い」の一言で片付けられたであろう。

電波や磁場に話を戻すと、電波（電磁波）が発見されたのは一八八八年で、それを実用化できたのは一八九五年のことである。イタリア人のマルコーニが無線電信を成功させたのが最初で、日本ではその二年後の一八九七年に松代松之助が無線電信機を開発している。それから約二〇年経った一九二〇年にアメリカでラジオ放送が開始、それに遅れて五年の一九二五年に日本でラジオ放送が始まった。それから、電波はあらゆる場面で活用されることになる。

電気の存在は、電波が登場する前から確認されており、電気通信が始まっていた。それでも実用化されたのは、一八〇〇年代後半のことである。また、グラハム・ベルが実用的な電話を発明したのが一八七六年、エジソンが白熱電球を開発したのが一八七九年のことである。

これからわかる通り、過去にあった大規模な太陽嵐の際には、影響を受けるものが何一つ存在しておらず、直近で大規模な太陽嵐があった一八五九年のキャリントン・イベントの時でさえ、影響は欧米の電信機などの火花放電《ひばなほうでん》くらいであった。なお、その火花放電によって火災は多発したようである。

だから、過去の太陽嵐がどれだけの規模であったとしても人類に与える影響が軽微であったため、あまり語られることはなくほとんど警戒されて来なかった。ただ、現代のように電気や電波に頼った生活をする中では、太陽嵐による影響は計り知れない。実際に一九八九年に発生した太陽嵐では、カナダ・ケベック州で九時間にもおよぶ大停電が発生し、六〇〇万人が被害を被っている。その経済損失は、一〇〇億円超と見られている。

そして、現代において一八五九年のキャリントン・イベントと同規模の太陽嵐が生じた場合には、前述のようにアメリカでは一兆～二兆ドルの損害が発生し、復旧に四～一〇年の時間がかかると試算されている。

アメリカの試算は、日本の総務省の見立てである「あらゆる電波が最大二週間に亘り、全国的に断続的に使用不可になる」よりもかなり被害の部分で具体的な数字が入れられており、厳しい試算がなされている。しかし、おそらくこのアメリカの見積もりですら甘い。最悪の想定に使用されたキャリントン・イベントよりもはるかに大規模な太陽嵐が過去には実際起きており、それだけの規模の太陽嵐がこれから起こらないとは言い切れないからである。

そして、こちらの方がより現実的であるが、たとえキャリントン・イベントよりも規模の小さい太陽嵐であったとしても、これから将来、ＡＩなどの活用でますます通信や情報が拡充するわけで、その影響がはるかに大きいものになることが容易に考えられるからである。

現代において、太陽嵐によって情報技術がストップすれば、身近に使っているスマホが止まる。それだけではなく、ＧＰＳが狂って位置情報にずれが生じるため、カーナビは役に立たなくなり天気予報は精度が著しく低下する。コンピュータで制御されていた水道局も停止し、蛇口をひねっても水が出なくなるかもしれない。自動化された工場や農業などは軒並みストップである。スーパーの物流システムも影響を受け、自動発注などが行なわれなくなり、スーパーにモノが並ばない状態が続くかもしれない。レーダーが働かないから漁業もできなくなるだろう……。例を挙げればキリがないほど、今の生活は通信や情報インフラに依存している状態である。

今後、ＡＩ社会となり通信や情報インフラに支配された時代になれば、それがコントロールを失った時の影響はとんでもないものになるだろう。

人は、情報交換できなければ〝サル〟と同じ

他の生物と比べた時、なぜ人は生物の頂点にいるのか。人が地球上に君臨《くんりん》している理由は何か。その理由は、人が「情報を交換する生き物」だからである。

確かに、他の生物の中にも情報の交換がある程度可能な生物はいる。しかし、

人ほど複雑に「情報」を交換する生物は存在していない。電話やFAX、インターネット、あらゆるものを使い情報を交換する、これが人の最大の武器であり、また人が人たる最大の理由とも言える。

キリスト教の言葉に「人はパンのみに生きるにあらず…」というものがある。一般的な解釈は、人間は精神や気持ちが大事ということを伝えているものだろう。それに、私は「人は情報も毎日食べて生きている」と付け加えたい。

思い起こせば人類の歴史は情報伝達の進化の歴史であった。私たちが生きて行く上で、世界には膨大な情報があふれている。その情報の洪水の中から本当に良い情報をいかに集め、それをどう分析し、次にどのような行動に移るか。

情報収集、分析、判断により、人類は経済活動並びにすべての営みを繰り返してきた。その大元《おおもと》である情報を、長期に亘ってすべて遮断する可能性のある太陽嵐。私たちは、スマホが止まることの意味を、もっと深く考えるべき時代にきているのだ。

第三章　人類文明が崩壊する時

天災は忘れた頃にやってくる

（寺田寅彦）

「文明」という最強の武器を生み出した人類

突然だが、読者の皆様は今の生活環境がどれだけ優れたものであるか、考えたことはあるだろうか。今の日本人の大多数は、日々三食口にすることができ、寒暖をしのぐに留まらない趣味・趣向を満たす衣類を身に着け、日常生活を送るにおいて支障のない住居に暮らしている。どこかに出掛けるにしても、自家用車、自転車、電車やバスなど公共交通機関など様々な選択肢があり、安全に快適に目的地を目指すことができる。持て余すほどの余暇《よか》を過ごすにも、スポーツ、エンターテインメント、文化活動など、およそ想像し得るほとんどのことを行なうことができるだろう。

近年では、その生活環境はさらに驚くべき進化を遂げている。わざわざ店に行かなくても、必要なものはインターネットで買える。現金を用意していなくても、キャッシュレス決済ができる。何か調べものがあっても、極めて専門的かつ高度な内容でもなければ大体のことはインターネットで調べがつく。遠くに住む親族や友人とも、スマホやパソコン越しに気軽に会うことができる。私たちは今、「安心、安全、便利、快適」に囲まれた、実に豊かな生活を送っているのだ。

こうした生活に慣れ切っている私たちにとって、その対極をなす環境は、生活することはおろか想像することすら困難だ。たとえば、ある日突然着の身着のままで大自然の真ん中での生活を余儀なくされたとしたら、私たちは生き延びて天寿《てんじゅ》を全うできるだろうか。世の中には「サバイバルマニア」と呼ばれる人がそうした極限状況を己《おのれ》の知恵と工夫で乗り切ることを愉《たの》しみとしているというが、そうした例外的な人を除けばおそらくこの本を手にする読者の九割以上がそのような状況下で生き延びることなどできないのではないだろうか。

人類は、いまやわが世の春を謳歌《おうか》している。地球上の生態系の頂点に君臨し、他のあらゆる生き物たちを押しのけ、自分たちの都合の良いように自然を作り替え、物質的な豊かさを追い求め続けている。莫大なエネルギーを必要とする現代社会を支えるため、物質からより多くのエネルギーを取り出す「核」の力にも手を染めた。生き物を自分たちの都合で内部的に作り替えるための「遺伝子」を操作する力も手にした。これほど圧倒的な力を手に入れ、何不自由ない生活を手にしたにも関わらず、人間は「まだ足りない」「まだ欲しい」と欲望をたぎらせている。まるで神に迫り、神をもしのごうとしているかのようである。

キリスト教には、人間を罪に導く「七つの大罪」があるとされる。その中の一つに「暴食」というものがあり、ひたすらモノを食べ続けるブタと関連付けられている。ブタは、「無限の食欲」という「業《ごう》」を負っているわけだ。それになぞらえて考えると、さながら人間は「豊かさ」や「知」に対する無尽蔵の欲望を、「業」として背負わされている生き物と言えるだろう。

さて、人類の圧倒的な力の源泉は、ひとえに「知」の力によるものである。知恵によって道具を生み出し、統制された社会生活を営むことで他の生き物に対しても、さらには自然の猛威に対しても対抗できるだけの力を得ることができた。しかし、もし仮に生物単体として評価するならば、人間など極めて脆弱な下層の生物に過ぎない。どんな自然環境下においても、人間よりはるかに環境適応力が高い生き物、はるかに運動能力や筋力、攻撃力が高い生き物が必ず存在するからだ。そうした環境下では、人間は地上最強の捕食者《ほしょく》ではなく、哀れな被捕食者として日々命を脅かされる恐怖と共に生きねばならない。人間は、「知」なくして豊かに生きることはできず、命をつなぐためのギリギリの営みしか送れないのである。

要するに、人類繁栄の命脈《めいみゃく》は「知」と、それを具現化した「文明」にあるということだ。現代文明を支えるあらゆる道具は、近代科学の登場と発展によって誕生した技術の結晶である。近代科学は、一般的に一六世紀にコペルニクスが地動説（太陽を中心として地球はその周りを公転しているという説）を発表し、デカルトが合理主義哲学を打ち出して始まったとされる。

「コペルニクス的転回」という言葉があるが、その言葉通りコペルニクスが残した偉大な業績が大きな転換点となったのである。また、デカルトが唱えた合理主義哲学は機械論的な世界観を確立し、その後の物質優位の西欧文明の思想・倫理面での基盤となった。こうした基盤の上に、アイザック・ニュートンをはじめ多くの天才たちが次々と自然法則を発見、定式化《ていしき》して行ったのだ。

そして人間はその叡智《えいち》を道具に応用し、やがて産業革命を経て爆発的な文明の進化を成し遂げた。蒸気機関の登場により産業革命が起き、綿工業に必要な機械や製鉄が発展、燃料や原料となる石炭、鉄の採掘が進み、輸送のための蒸気船や蒸気機関車などが登場した。さらに時代が下ると、電気が新たな動力として活用され始めた。また、石炭の代替として石油を燃料とする内燃機関が登場すると、自動車産業が爆発的に成長を遂げた。一八六七年にはノーベルがダイナマイトを発明、開発のみならず軍事にも応用された。

二〇世紀に入ると、科学技術はさらに加速する。アインシュタインが発表した「相対性理論」によって、人類は新たな科学の地平へと到達した。原子力の発見と実用化は、核兵器という人類最悪の発明をもたらした一方で人類に無尽蔵のエネルギーを得られる可能性も示した。その後発展した量子力学は、半導体をはじめ現代の微細・微小な領域に関するほとんどの科学技術に大きく貢献している。パソコン・スマホ、レーザー発振器、超電導、ナノテクノロジーなどを支える要素技術は、すべて量子力学なしには実現し得ないものだ。

これ以外にも、宇宙開発、生命科学、人工知能など、最先端の科学が融合し、新たな科学技術の発展が進んでいる分野がいくつもある。

著しい文明の発展で脆弱になった現代人

さて、近代科学の進展はこのように見て行くと、二〇世紀に入ってからさらに大きく進展して行ったことがよくわかる。特に直近五〇年は、技術の飛躍的な進展によってあらゆるものに情報通信技術が組み込まれ、利便性、応用性が飛躍的に向上した時代である。パソコン・スマホなど典型的な情報端末だけでなく、自動車、鉄道、飛行機、船舶などの輸送分野や、人間の生命と健康を支える医療分野、工業、農業、行政、さらには軍事分野に至るまで、いまやあらゆる分野で用いられる機器類や設備類に情報通信技術は組み込まれており、その結果として道具としての有用性は飛躍的に向上した。

その要素・根幹となる技術は数えきれないほどあるが、あえて乱暴に二つに絞って見てみよう。それは一九世紀に登場した「電気」と、二〇世紀に登場した「トランジスタ」だ。動力源である電気の実用化は、ファラデーによって一八三一年に解明された電磁誘導の原理が端緒《たんしょ》である。それまでも人類は電気の存在を認識し、さらに発電機を開発していたが、安定的に電気を取り出すことは難しく、また動力源として活用する道筋も見えておらず、実用には至っていなかった。ファラデーの偉業《いぎょう》は、電気から磁気を生み動力に変換する方法、さらに逆に動力を磁気に作用させて電気を生み出す方法を編み出した点だ。

デンマークの物理学者エルステッドによって、電流が流れる導線の周りに磁気が発生していることは発見されていたが、ファラデーはこれをさらに進めて「電磁回転装置」を作り、電気と磁気によって動力が得られることを明らかにした。そしてさらに、エルステッドの原理の逆、すなわち磁気から電気を生む原理にまでたどり着く。そして「ファラデーのモーター」と呼ばれる装置を開発し、動力から持続的に電気を生み出すことにも成功したのだ。この偉業が、現在の発電機や電気による動力へとつながって行ったのだ。

もう一つの「トランジスタ」は、実は誕生からまだ一〇〇年も経っていない、かなり新しい技術だ。電子回路において、電気信号を増幅、スイッチさせる機能があり、デジタル回路を作るためには必要不可欠なものである。

一九四七年から四八年にかけて、米ベル研究所の三人の物理学者によって実用化されると、その後電子計算機（コンピュータ）の集積化、高度化に大きく貢献した。IC（集積回路）やLSI（大規模集積回路）は、今では電気を使う大多数の機器に搭載《とうさい》されているが、その内部にはトランジスタやコンデンサなどの機能を持つ極小の素子が組み込まれている。つまり、電子制御されるあらゆる機器（電子炊飯器から大陸間弾道ミサイルに至るまで）には、トランジスタが必ず搭載されているということだ。

トランジスタ誕生以前には、同様の働きをする「真空管」が主流であったが、消費電力が大きく、寿命が短く、コスト高であり、振動・衝撃に弱く、大型という、とにかくデメリットが多いものだった。もちろん、真空管ならではの特性（メリット）もあるため、たとえば一部の熱狂的なオーディオマニアの中には、現在でも真空管を使ったアンプ（電気信号の増幅器《ぞうふくき》）をこだわって使う人もいる。しかし、これはあくまでごく例外というべき例である。

「電気」と「トランジスタ」の恩恵を受け、現代の科学文明は極めて高度に発展した。私たちはそれを当然のように日々利用しているが、おそらく現代人が五〇年前にタイムスリップしたならば、まず間違いなく驚がくし、そしてあまりの不便さにがく然とすることだろう。何しろ、五〇年前と言えばパソコンもなければ携帯電話すらない時代である。人とのコミュニケーションは対面か手紙が主流で、もう少し便利なものでも固定電話止まりである。誰かと町で落ち合おうにも、事前に厳密に約束をしてその通りに行動しなければ会うことすらままならなかった。現在のように互いのスマホにメッセージを飛ばし合い、臨機応変に合流するなど到底想像もつかない世界である。

移動にしても、東海道新幹線は開業していたが、東北新幹線はまだ開通しておらず、東北や北海道、九州へは泊りがけでなければ行くことはできなかった。海外旅行はジャンボジェットの登場で大分ハードルが下がったものの、それでも一ドル＝二〇〇円以上の円安だったこともあり、相変わらず高嶺の花のレジャーであった。

日常の娯楽と言えば家庭ではラジオが主力で、テレビもそれなりに普及していたがリアルタイムで見る他なかった（一九七六年に初のＶＨＳビデオデッキが登場したが、保有していたのはごくわずかなマニアたちだけだった）。余暇の過ごし方も、現代から見れば不便極まりないものだった。音楽を聴くだけでもオーディオの前に座り続ける必要があったし、ゲームと言えばトランプや花札、ボードゲームなど「アナログ」なものしかなく、大体が複数人で遊ぶもので、今のようにいつでもどこでも一人で遊べるものなど限られていた。

仕事でコンピュータなどの電子機器を使うのは、もっぱら大手企業の経理部門などごく限られた職種であり、紙の帳簿ですべてをこなす会社の方が一般的だった。大体が手書き仕事であったため、字を覚えていなければ話にならなかったし、ある程度字がきれいでなければ仕事に大いに差し障った。

学生にしても、勉強はもっぱら先生の話を聞くか本を当たるかしかなかった。肝心の本を調べるにしても、図書館で当たりを付けて闇雲《やみくも》に読み漁るか、その筋の詳しい人に教えてもらったり貸してもらったりするしかない。

翻《ひるがえ》って私たち現代人は、パソコンを使えばきれいで整った文章をすぐ書くことができ、ネット検索すれば数分で何でも調べが付く環境にある。その私たちにとって五〇年前の不便さは、もはや想像を絶する世界と言えるだろう。

不便はそれだけに留まらない。五〇年前と言えば、エアコン、冷蔵庫、洗濯機などはすでに普及していたものの、電子レンジはまだ普及には程遠い状態で、家事は全般的に現在と比べるとかなりの重労働であった。ちょっと田舎に行けば、こうした生活家電がほとんどない家も珍しくなく、窯《かま》でご飯を炊《た》き、洗濯板で服を洗い、食べ物は食卓にハエよけの蚊帳を被せて保存しておく、というのはごく普通の光景だった。傷んだ食べ物でお腹を壊す、という話は、当時にすればごく日常の話であった。

たかだか五〇年前でこれほどまでに隔世の感があるのだから、さらに五〇年遡れば、それはもはや「異星人」「異世界人」ほどの隔絶《かくぜつ》となる。一九二〇年代と言えば、日本は大正から昭和へと移り行く時代である。第一次世界大戦によって中国大陸への侵出を果たした日本では、当時「大正デモクラシー」と言われる民本主義、自由主義的な風潮が広がっていた。一方で、戦後不況が日本経済に忍び寄り、さらに関東大震災が発生するなど、日本社会が徐々に暗い影に覆われつつあった時期でもある。

当時、すでに鉄道や電話は実用化されていたが、広く一般国民が利用するものではなかった。まず鉄道は、国営化されて全国に鉄道網が整備されつつあった時代だが、新幹線などの高速鉄道網などはもちろんなかった。したがって、鉄道で遠方に旅をすることなど誰もが気軽にできるレジャーではなかった。江戸時代の「お伊勢参り《いせまい》」ほどではないにせよ、しっかりと荷物を作って旅支度をし、何日も家を空ける必要があったのだ。

また電話は、一九二二年に加入者数四〇万人に達したものの、世帯普及率は三％程度と低く、しかもその二〇％が東京に集中していた。地方都市では、よほどの富裕層や有力者でもなければ家に電話などなかったのだ。したがって、離れた人とのコミュニケーション手段はもっぱら手紙であり、会おうと思ったらその人の住まいに訪問するか、何日も前から手紙をやり取りして約束しておかねばならなかった。

一般庶民が自由に電気を利用するということもほとんどなかった。この時代はまだまだ電気自体が貴重なもので、電灯は東京でこそ完全普及していたものの、地方の電灯普及は途上であった。工場においてすら、動力の電化率は七〇％程度（一九二九年）で、蒸気機関がまだまだ主流だった。鉄道においても、電化の試験は行なわれていたが、蒸気機関が圧倒的主流であったのだ。

大衆娯楽も、電気を用いたものはほとんどなかった。ラジオ放送が始まったのは一九二五年のことで、映画は全国に普及していたものの、いわゆる「無声映画」（音がない、映像のみの映画）だった。音声ありの映画は実験レベルでは存在したものの、「トーキー」と呼ばれる音声付き映画が登場したのは一九二九年のことである。

当然、仕事においても電子機器を使用することなどあり得なかった。一〇〇年前の一九二〇年代は、大戦後の産業構造の大幅な変化によって事務職員の需要が増加した。後の「サラリーマン」の原型がこの頃に形作られたわけだが、現在の読み書きそろばんに加えて業務に関連する広範な知識も必要であった。現在のようになんでもマニュアル化され教育が整った時代ではないため、一人前に仕事ができるようになるのはそう簡単なことではない。その代わり給与水準は高く、現在のように「たかがサラリーマン」などと侮れるものではなかった。

また、現在のように二〇代前半まで学生を続ける時代ではなく、尋常《じんじょう》小学校や高等小学校を卒業して働き始める子供が圧倒的に多かった。今風に言えば「低学歴」であり、そうした子供たちは家業を手伝うか奉公《ほうこう》に出るか、はたまた肉体労働に従事するかというところだったが、当時はそれが当たり前だった。大学卒などと言えば相当な知識階級であり、それこそ官僚か財閥《ざいばつ》勤めかという「エリート街道」が定石《じょうせき》という時代である。もちろん、そこまでに上り詰めるのは並大抵のことではない。「全入時代《ぜんにゅう》」の今の大学生が聞けば卒倒《そっとう》するほど、桁外れの勉強量（しかも、知識が集約された書籍は外書しかなかったり難解過ぎたりがほとんど）が必要であった。

また、当たり前の話だが、日常生活において「家電」などというものは一切存在しない。何しろ家庭への電気普及がようやく一巡し、その用途も電灯程度であったのだから当然だ。また、ガスの普及も途上であった。日本におけるガス利用は、明治維新後の一八七二年（明治五年）に横浜でガス灯が灯ったところから始まっているが、家庭への普及は一九〇〇年代に入ってからで、家庭用途で本格的にガスが利用されたのは関東大震災の前後頃、しかもそれは東京などの大都市圏が中心であった。風呂を沸《わ》かしたり煮炊きをしたりするのは、多くの場合まだまだ薪《まき》が主流であった。「湯を沸かす」だけのことでも、薪を運び、割り、火を熾し、様子を見ながら薪をくべる――この調子であるから、家事労働の負担は現代はおろか五〇年前から比べてもさらに重いものであったのだ。

今、現代人が一〇〇年前の生活にいきなり逆戻《ぎゃくもど》りなどすれば、それはもはや絶望以外の何物でもないだろう（一部の物好きな方を除けば）。何しろ、一日の大半を家事仕事に追われ、しかも快適とか便利とかそうしたものとは一切無縁である。何か仕事をするにも大半は肉体労働であり、頭脳労働をしようにもやり方を調べる術も皆目見当が付かない。娯楽と呼べるものがそもそも少なく、しかもめったにそれを経験する機会もないため、日常生活は極めて単調なルーチンになる。

もちろん、慣れてしまえばそうした生活も悪くはないだろうが、現代の「楽過ぎる」生活に染まった私たちにとって、それは「転落」「零落《れいらく》」という感想を抱くようなものと言えるかもしれない。

裏を返せば、私たちはこの一〇〇年の間に積み上がった科学技術の莫大な果実の上に生活をしているということだ。便利な道具や社会の仕組みが、生活のあらゆる不便や不都合を肩代わりしてくれているということだが、そこに暮らす人間はと言えば、著しく生活能力や環境適応力を衰退させ、生き物として極めて脆弱になっているのである。

かつて人類は、幾度も文明崩壊を経験した

さて、私たちがいかに物質的に豊かで便利な生活に浴《よく》しているのかを見てきたが、では果たして「発達した文明を失うということが起こり得るのか」は、非常に大きな問題だろう。結論から言えば、その可能性は「大いにあり得る」どころか、人類史を俯瞰《ふかん》すれば「今ではなくても、いずれほぼ確実に起こり得る」と言ってもよいほどである。その具体例を、いくつか見て行こう。

文明崩壊①――エーゲ文明

紀元前一六〇〇年頃、エーゲ海に浮かぶクレタ島に当時最先端の文明が花開いた。古代ギリシアにおける最古の文明、エーゲ文明の一つである「ミノア文明」（クレタ文明とも呼ばれる）だ。地中海交易の要衝であったクレタ島は、経済的に発展すると物資貯蔵・再分配を行なうための宮殿が立てられるように

なった。青銅器を用いた高度な技術を持ち、また、エジプトやフェニキアの芸術も流れ込み、高度な工芸品が生み出された。さらには「線《せん》文字」と呼ばれる独自の文字も誕生した。

こうして発展したミノア文明だが、紀元前一四〇〇年頃に突然崩壊する。島の自然環境破壊によって文明が衰退していたところに、ミュケナイのアカイア人が島に侵入、略奪を受けたことが原因とされる。

しかしながら、高度な文明を持つクレタ島が他民族の侵入でそうやすやすと崩壊するのか、という素朴な疑問がある。実はこの文明崩壊の前に、極めて大きな天災が起きていたのだ。クレタ島から北に一〇〇キロメートル強ほど北にある、サントリーニ島での大爆発である。

サントリーニ島は、三日月のような形の風光明媚《ふうこうめいび》な島だ。現在ではリゾート地としてヨーロッパをはじめ世界中から注目される島であるが、実はこの島は火山島で今から約三六〇〇年には海底火山が大爆発している。「ミノア噴火」と呼ばれる大爆発によって、エーゲ海一帯はすさまじい被害を受けたのだ。

発生した津波の最大波高は九〇メートルとも一〇〇メートルを超えるとも言われ、数日間で幾度もの津波が襲ったという記録もあるほどだ。旧約聖書の「出エジプト記」にはモーセがユダヤ人を率いてエジプトから脱出するエピソードが描かれているが、その時出てきた「海が割れる」あのシーンが、ミノア噴火の際に起きた津波が元になっているという説もある。

おそらく、クレタ島もこの時、甚大《じんだい》な被害を受けたものと考えられる。自然破壊や社会の硬直化による内部要因に加えて、噴火による被害が決定打となり、クレタ文明は持続不能なほどの状態に追いやられたとすれば、高度な文明が侵略によって失われたことも十分に理解できる。

また、クレタ島を征服したミュケナイでは、クレタ島よりも少し遅れて「ミケーネ文明」が栄えていた。しかし、実はこの文明も紀元前一二〇〇年頃に突如として崩壊する。この紀元前一二〇〇年頃というのは、実は地中海東部において社会が激変した時期である。それまで繁栄していたヒッタイト、ミュケナイが突如として崩壊、さらにエジプトも他民族の侵略を受けている。近年の研究では、その要因とされるのが「海の民」の襲撃とされている。

果たしてこの「海の民」が何者なのか、どのような原因で「海の民」なる集団が誕生し、次々と高度な文明を持つ王国を滅ぼして行ったのか、現在でも様々な学説が唱えられているが、いずれにしても紀元前一二〇〇年頃になんらかのきっかけから「海の民」が主要な文明を滅亡に追いやったことは歴然たる事実である。

当時の文明人にしてみれば、覇《は》を争ういずれかの文明によって討ち滅ぼされる可能性は考えたかもしれないが、主要な地中海文明がすべて打ち倒されるなど考えもしなかったことだろう。そして、繁栄を極めたエーゲ文明がすべて打ち捨てられて忘れ去られることなど、当時の人々からすれば想像も付かないことであったに違いない。

文明崩壊②――ローマ文明

おそらく、人類史上でも最大の文明崩壊が「ローマ文明」の崩壊だ。紀元前一世紀に成立したローマ帝国において生まれた文明で、その影響は帝国の版図《はんと》拡大によってヨーロッパから西アジアにまでおよんだ。ローマ帝国と言えば、四七六年に西ローマ帝国が滅ぶまでの四〇〇年間、地中海に君臨した人類初の覇権《はけん》国家で、文明水準もそれにふさわしい極めて高度なものであった。

簡単に歴史を振り返ろう。ローマ帝国は、紀元前六世紀に成立した古代ローマ共和国を前身としていたが、共和国時代は度重なる内戦や政治対立で不安定であった。この状況を打開し、繁栄への道を切り開いたのがユリウス・カエサルだ。元老院や閥族派などの権力層に対峙し、平民派として台頭したカエサルはガリア遠征を成功させ、周辺を属州《ぞくしゅう》化させる流れを作ると共に圧倒的な名声を得た。やがて元老院の勢力が独裁を試みると、カエサルは軍を率いてローマに入り、元老院派の首魁であるポンペイウスを打ち倒す。

こうして独裁体制を整えたものの、ほどなくしてカエサルは暗殺されてしまう。その後は共和派のアントニウスとカエサルの養子オクタウィアヌスが台頭し継承《けいしょう》権を巡って対立していたが、オクタウィアヌスがアントニウスを破り、紀元前二七年にアウグストゥスの称号を得てローマ皇帝となった。

その後の二〇〇年間は、ローマにとってまさに「わが世の春」であった。ローマ帝国成立前までは、ペルシア戦争（紀元前五世紀）、ペロポネソス戦争（同）、アレクサンドロス戦争（紀元前四世紀）、イタリア半島統一戦争（同）、ポエニ戦争（紀元前三世紀）、マケドニア戦争（紀元前二世紀）と地中海世界には戦争が絶えず、またローマも内乱続きであった。

しかし帝国が成立すると、その覇権は地中海全体におよび平和な時代が到来したのだ（パックス・ロマーナ）。さらに周辺地域も次々と属州に併合され、未《み》曽《ぞ》有《う》の繁栄を謳歌したのである。

五賢帝の一人、トラヤヌス帝の時代には帝国領土は最大となる。北はグレートブリテン島（現在のイギリス）の南半分から、西はスペインまで、南はアフリカ大陸の地中海沿岸地域、そして東は現在のイラクやアゼルバイジャンに至るまでの、地中海に留まらない広大な版図を手中にしていた。文明の水準も突出しており、石造りの道路や水道、コロッセオに代表される巨大な構造物を建築できる高度な土木・建築技術を持っていた。強大な軍隊を組織・維持し、また広大な属州を統治する政治・行政機構もあった。芸術の分野でも、肖像彫刻やフレスコ画、ガラス工芸などが大きく発展した。

ローマ市民の生活は、二〇〇〇年前であることを考えると驚くほどに進んでいた。ローマ市内には十分な土地がなかったため、人々は「インスラ」と呼ばれる集合住宅に住んでいた。このインスラ、人口の急増に伴ってどんどん上に伸び、六〜七階建てのものすら珍しくなかったというから驚きだ。大都市の高層マンションのようなものが、当時すでに一般的だったのである。

また、工芸や芸術の発展、都市開発の進展に伴って、現代にも通じる問題も生じていた。環境問題だ。属州の街の中には、たとえばガラス工芸などが盛んになった影響で、鉛《なまり》など有害物質が廃棄されたことで環境がひどく汚染されたという。さらに、生活燃料や製鉄などに幅広い重要がある木材が周辺地域で大量に伐採《ばっさい》され、森林破壊による悪影響が深刻な問題を引き起こしていた。

ローマと言えば、奴隷にすべて身の回りの仕事をさせ、市民たちは日々飽食《ほうしょく》と娯楽にふけっていたという印象がある。もちろん、本当に毎日贅沢《ぜいたく》ざんまいができたのは一部の富裕層であったと思われるが、一般市民でも現代人から見るとゆとりある生活を送っていたようである。

『ビジュアル 世界史1000人』（世界文化社）によると、古代ローマ人は日の出と共に起き、日の入りと共に就寝していたという。一日の半分（一二時間）が就寝時間ということだ。灯りをつける燃料代が高いのがその理由だったそうだ。食事はパンやおかゆが中心で、肉などはそれほど頻繁に口にはしなかったそうだが、ワインは毎食たしなんでいたという（ただし水で薄めたもの）。労働時間は五時間ほどで午前中に終わらせ、午後はコロッセオでの観戦や銭湯（テルマエ）を愉しんだ。特にテルマエは非常に重要な文化で、裕福な者などは奴隷を従えて一日中そこで過ごしたとも言われる。単に風呂に入るだけでなく、運動や飲食、商売、読書、哲学的議論など様々な活動がそこで営まれていた。

毎日八時間以上を仕事に捧《ささ》げ、大した娯楽もたしなまず、睡眠時間が世界でもトップクラスに短い私たち現代の日本人からしてみれば、たった五時間の仕事で残りは娯楽に費やし、一日の半分を寝て過ごすというのは想像しがたい生活だろう。考え方によっては、私たちよりはるかに豊かな暮らし方をしていたとも言えるのではないか。

しかし、こうした豊かな時代にも終わりがやってくる。長きに亘る繁栄の過程でローマ帝国の統治機構は徐々に制度疲労を起こし、劣化して行った。広大な国土を守るための軍事費がかさみ、水道や道路などのインフラも劣化に対する維持が困難となった。またローマ市民や属州の民心をつなぎとめるため、財政規律は弛《ゆる》んで行った。

五賢帝以降は政治的混乱も頻発し、権力争いが熾烈《しれつ》になって行った。また、五賢帝以降の時代には異民族の侵入や奴隷の反乱が頻発するようになった。推測ではあるが、こうした要因の背後にはおそらく気候変動による飢餓の勃発《ぼっぱつ》もあったことだろう。フン族やゲルマン民族がわざわざ自分たちの土地を出て地中海に侵出するからには、相応の理由があると考えるのが自然だからだ。

かくしてローマ帝国は、三九五年に東西に分裂した。その後、西ローマ帝国はゲルマン人の傭兵オドアケルによって四七六年に滅ぼされ、人類史に初めて覇権国家としてその名を刻んだ巨大帝国は終焉を迎えた。東ローマ帝国はその後も存続したものの、支配地域はバルカン半島や小アジアであり、時代を下るにつれてローマ的な伝統は失われ、ギリシャ化が進んで行った。ローマ文明という観点では、西ローマ帝国の滅亡が文明崩壊の瞬間であったと言える。

あれほどの栄華を誇ったローマ文明は、その後「暗黒の中世」と呼ばれる西洋世界でほとんどが失われた。水道・道路、高層建築などの高度な技術は受け継がれることはなく忘れ去られた。また、闘技観戦や浴場文化など、経済的な豊かさを背景とした高度な文化も廃《すた》れてしまった。

中世のヨーロッパ世界は、ローマ帝国誕生以前に巻き戻ったかのような、文化・文明の逆行現象が起きたとされる。ローマ時代に繁栄した属州の都市は、多くが人も住まない廃墟《はいきょ》となり、やがて森に飲み込まれ自然に還《かえ》って行った。かつての主要都市ですら人口は激減した。特に現在のヨーロッパの主要都市では、人口一〇〇万人を超える大都市はほとんどなかった。

ちなみに、中世におけるヨーロッパ最大の都市はパリとされるが、それでも人口は五～一五万人程度（時代や資料によって異なる）、通常の都市は人口一〇〇〇～五〇〇〇人程度が一般的だったという。数百人や数十人の街も珍しくなく、もはや町というより集落という状態だった。このような状態では、繁栄を極めたローマ文明の叡智の継承など、とてもおぼつかない。

天変地異が人類のあり方を変える

このように、高度に発展した文明があるきっかけで崩壊し、人々の生活が前時代に逆戻りするといったことは、実際に歴史上幾度も起きてきたのである。そして二つの例でも見てきた通り、文明の発展、成熟あるいは崩壊は、それを支える社会あるいは国家の盛衰と非常に密接な関係がある。

国家は、いかなる体制やイデオロギーを持つにせよ、あるいはいかに資源や生存環境に恵まれているにせよ、人間と同様に誕生から成長、成熟から衰退という道をたどる。たとえ高い志の下に誕生した国家であっても、成熟するにつれて体制が硬直化し、腐敗や不正にまみれ、変革の活力を失ってやがて経済的にも軍事的にも衰退して行く、というのが世の常だ。エーゲ文明やローマ文明に限らず、人類史に登場する過去のあらゆる時代の文明は、実は国家の盛衰と共にあったのである。

ただ、人間とは異なり文明の崩壊あるいは国家の滅亡は、老衰死のように穏やかで静かな結末になることはそう多くはない。むしろ、なんらかのきっかけによってある日突然に乱暴に国家の命脈が断たれ、それに伴って文明も打ち捨てられるという末路を迎えることが多い。なぜかと言えば、高度な文明を持つほどに発展した国家は、必然的に巨大な力を保持しているわけで、衰退するにつれて別の新たな国家・勢力が台頭し、打ち倒される運命にあるからだ。

エーゲ文明やヒッタイトが「海の民」に駆逐《くちく》され、ローマ帝国がゲルマン民族によって打ち倒されたように、新たな勢力が力を蓄《たくわ》え既得権力を打ち破るという、ダイナミズムが付き物なのだ。

こうしたクーデター的な歴史の転換点は、何もない平和な時代に突如として起きるものではない。多くの場合、その時代の人間たちを取り巻くより大きな力が働いていることが多いのだ。その力とは、「自然の力」だ。

たとえば明治維新という「クーデター」の背後には、江戸幕府の財政難という問題があったが、これは政治体制の制度疲労という側面以外にもたびたび人々を襲った飢饉《ききん》が大きな影を落としていた。一七八〇年代に起きた天明の大飢饉、一八三〇年代に起きた天保の大飢饉は、いずれもが冷害などの天候不順が原因であったが、実はこの時期は「小氷期《しょうひょうき》」と呼ばれる寒冷な時代だったことがわかっている。度重なる飢饉によって人心が幕府から離れ、財政は疲弊《ひへい》した。そこに追い打ちをかけるように「黒船」が来航するに至って、人々は新たな政治体制に期待するようになって行ったのだ。

また、同時代にはヨーロッパでも大きな革命が起きている。一七八九年のフランス革命に代表される「市民革命」だ。それまでの封建制度を打ち倒し、市民が主体となる民主主義、資本主義を中核にした社会を実現させる機運は一八世紀後半から一九世紀にかけてヨーロッパを席巻したが、その端緒となったフランス革命の背景にあったのも気候変動である。

一七八三年、アイスランドにあるラキ火山が大噴火を起こした。噴火によって、大量の溶岩の他、硫黄酸化物などが噴出し、これがヨーロッパ一帯を覆うと家畜の大量死や農作物への甚大な被害が発生した。各地で飢饉が勃発し、民衆が絶望のどん底に叩き落とされる中、封建領主などの貴族、権力者たちは積極的な民衆救済に動くことはなかった。こうした中で醸成された民衆の不満が、革命の極めて重大な原動力となって行ったのだ。

フランス革命では、原因の一つとしてルイ一六世の王妃マリー・アントワネットが困窮《こんきゅう》する民衆に、「パンがないならケーキを食べればよい」と話し、それが革命に火を点けたという逸話もある。これはまったくの作り話なのだが、そうしたフェイクニュースがまことしやかに語り継がれるほど当時の人々は困窮し、また一方で王侯貴族たちは民衆の苦境に無関心だったということだ。

さて、話を戻そう。このように、歴史を紐解くと革命のような国家崩壊の大事件の背後には、往々《おうおう》にして気候変動による民衆の窮乏《きゅうぼう》という危機的状況が付きまとっていることが多い。民衆にしてみれば、上に立つ者が多少横暴だろうが愚鈍《ぐどん》だろうが、衣食住に困らない限りは「悪い為政者《いせいしゃ》ではない」のである。

逆に、どれほど人徳に厚く、優秀な為政者であっても、食って行けない、生きて行けない状況になれば、絶対に付き従うことはないのだ。このように考えて行くと、「どんな天変地異が起きるのか」は、「為政者がどんな統治をするのか」ということと同じか、もしくはそれ以上に重要なことなのである。

現代文明における太陽嵐の被害とは

さて、いよいよ本書のテーマである「太陽嵐」に話を進めよう。前章までで も見てきた通り、「太陽嵐」は最悪の場合現代文明の基盤をすべて破壊しつくしてしまう可能性を秘めている。何しろ、私たちの生活を支える「電気」に想像を絶する影響をおよぼし、「コンデンサ」をはじめとした半導体などの精密部品に壊滅的な打撃を与えるのだ。問題は、「この大規模な天変地異による被害がどの程度におよぶのか」ということだろう。

巨大な太陽嵐によって想定される被害については、日本では総務省の「宇宙天気の警報基準に関するワークグループ」が最悪シナリオとして三七ページの図のような被害を挙げているが、再度記載しておこう。

●無線通信・放送が二週間断続的に途絶
●携帯電話で二週間断続的に通信障害
●測位精度の低下によるドローンや車両の衝突事故
●気象観測・防衛監視・船舶用などあらゆるレーダーが二週間断続的に途絶
●天気予報など衛星サービスが停止
●衛星の寿命が短縮、大気圏突入による損失
●航空・船舶の運航見合わせで物流が停滞
●広域で停電が発生、変圧器の損傷により電力供給に影響

「最悪シナリオ」として想定されているだけあって、なかなか深刻な被害が並

んでいるのがおわかりだろう。「無線通信」とは、行政用の無線から防災無線、防衛、船舶監視、気象観測などを含むあらゆる無線のことで、これが断続的に使用できなくなるというものだ。これに加えて、携帯電話も断続的ではあるものの障害で使えなくなるとなれば、私たちの日常生活は大混乱をきたすこと必至だ。何しろ、あらゆる公共インフラが機能不全に陥ると考えられ、交通機関も行政サービスも、二週間に亘ってほとんど機能を停止する可能性すらある。

物流の停滞も深刻だ。船舶物流の停滞は、食糧やエネルギーを輸入に頼る日本にとって死活問題になり得る。二週間の停滞であれば、備蓄によって危機は回避できるかもしれないが、仮に交通機関が断続的にマヒすれば、私たちの生活圏での物流は滞るだろう。新型コロナが流行した時、東京などの大都市で物流がマヒし、モノ不足が発生したことは記憶に新しいだろう。あれと同じような事態が想定されるというわけだ。

さらに深刻なのは、停電だ。特に変電施設で変圧器が損傷すれば、代替器を設置して稼働させるまでに相当な時間を要する可能性もある。実は変電所の設備は、保全や更新が非常に重要な課題となっている。高経年化だけではなく、年々増加する電力需要によって設備稼働率が上がっていてダウンタイムが取りづらいこと、少子高齢化により技能継承にも問題が生じ始めていることなども問題だ。仮に大規模な太陽嵐で同時に多くの変電所が損傷した場合、復旧に極めて長い時間がかかる危険性も考えられるのだ。

確かに非常に深刻な被害想定である。総務省にしては、踏み込んだ内容を盛り込んでいるような印象もある。しかしながら、私は本当にそれで済むのかという、素朴な疑問を持っている。長年、国家破産研究を行なってきた私が常々思うのは、日本政府が想定する危機管理や将来予測に関するシミュレーションは全般的にシミュレーションの条件が「楽観的過ぎ」て参考にならないということだ。たとえば、内閣府が公表する政府債務に関するシミュレーション、あるいは厚労省が行なっている公的年金制度の財政検証など、現行の制度や政策が持続可能かを検討する際、往々にして前提とする条件が緩《ゆる》過ぎるのだ。

具体的に言えば、経済成長率をありもしない高成長シナリオで想定するとか、インフレ率が相当な長期に亘って低位安定していると仮定するとか、そういう類である。危機管理の観点で言えば、頭の中が「お花畑」かのような与件《よけん》という他ない。私は率直に言って、この「想定の甘さ」が日本の危機管理の致命的欠点と考えている。

実際、福島第一原発は東日本大震災によって爆発事故を起こし、現在でも甚大な被害をおよぼしている。「想定外の天災」が引き起こしたなどと言われるが、しかし地震学の観点で言えば約一二〇〇年前の貞観地震という教訓があったはずである。「一〇〇〇年単位のリスクなど考慮できるか?」という指摘もあるが、起きてみれば未考慮を後悔するほどの被害を出し、今も出し続けている。「電源全喪失で原発が爆発すればどの程度被害が出るか」を想定し、それに見合うだけの対策を立てることを、東京電力もそして政府も怠ったのだ。

ちなみに、二〇二三年一二月時点で原発の事故処理費用だけで二三兆円余りかかることがわかっている。風評被害などを含めた二次的被害も考慮すれば、数十兆円規模となるだろう。一方、一五メートルの津波を食い止める防潮堤《ぼうちょうてい》の建設予算は数百億円程度だったが、当時の東京電力は対策を見送り、政府はそれを容認した。今さらの議論となるが、万全を期すならばあの場所に原発を作るべきではなかったし、あのような設計（電源が全喪失し短期の回復が困難な作り）にすべきでもなかった。日本政府は、原子力安全・保安院などという御大層な専門家集団を設置しながら、結局は最悪事態を想定できず、対策法を確立しなかった。「電力喪失などあり得ない」――そんな甘い想定をしているから事故が起きるのである。私に言わせれば、福島第一原発は半分以上が人災であるし、それを見逃した政府の罪は極めて重い。

さて、話を戻そう。総務省の「最悪シナリオ」の条件を見て行こう。想定しているのは「一〇〇年に一度程度の頻度で発生する極端な宇宙天気現象」（いわゆるエクストリーム・イベント）としている。具体的には、太陽嵐を引き起こす太陽フレアの大きさは「X10」クラスを想定し、これが二週間程度連続して発生するものとしている。

かなり専門的な言葉が出てきたので、第一章でも説明したが再度ごく簡単に説明しよう。太陽フレアの規模は太陽から放射されるX線の強度の最大値によって「A、B、C、M、X」と五等級に分類され、Xが一番強い。一〇倍ごとに等級が上昇する形となっており、「X10」クラスとは「X」クラスの一〇倍の強度という意味になる。なお、一般的にX線強度が一〇倍になると発生頻度は一〇分の一になると言われ、「X10」クラスは一年に一回程度、「C」クラスのフレアは一年に一〇〇〇回程度発生していると言われる。

ちなみに、一九八九年三月一三日にカナダ・ケベック州で発生した大停電では、六〇〇万人が九時間の停電被害を受けたが、この時のフレアは数年に一度レベルだったという。「X」クラスの中でも「X10」に近い大きさのものだったということで、この時の被害総額は数百億円以上にのぼった。

そして、一八五九年に発生した「キャリントン・イベント」と呼ばれる太陽嵐は、近現代の記録に残る中で最大のものとされる。この当時、観測技術も太陽フレアの等級の概念もなかったため、どの程度のインパクトの太陽嵐だったのかは定かではないが、電信線で火花が散り電報システムがダウンしたという記録を考えると、「X10」クラスかその上の「X100」クラスであった可能性も考えられる。

では、有史以来地球にそれ以上の太陽嵐が到来しなかったのかと言えば、もちろんそんなことはない。「放射性炭素年代測定」という方法を用いて、樹木の年輪内にある放射性物質の量の変化から、特定年代に大量の宇宙線が飛来したことを推定することができる。大量の宇宙線の要因はいくつか考えられるが、そのうちの一つが巨大な太陽フレア、すなわち「スーパーフレア」だ。

この方法を用いたある調査によると、七七五年頃に「キャリントン・イベント」をはるかに超える「スーパーフレア」が、地球に到来していたと推測されるという。これ以外にも、九九四年頃、紀元前三三七一年頃にも同様の出来事があったと推測されている。つまり、「X10」クラスはおろか「X100」クラスやその上のクラスの太陽嵐が到来する可能性も十分にあるのだ。

京都大学理学研究科の研究によると、一九八九年にケベック州で停電を引き起こした太陽嵐の一〇〇〇倍や一万倍という超巨大な太陽フレア（スーパーフレア）が発生する可能性もあるという。発生頻度は数千年に一度単位の確率というが、仮に前回の七七五年のイベントがスーパーフレアであったとすれば、そろそろ次のスーパーフレアが到来してもおかしくない時期に差しかかり始めているとも言えるだろう。

では、このスーパーフレアがもし到来した場合、どの程度の被害が想定されるのか。前出の京都大学大学院理学研究科附属天文台の元教授・柴田一成氏によると、想定される被害は一二七ページのようなものだという。

こうなってくると、もう桁違いの被害状況である。おそらく、電気を使うあらゆる物が壊滅的被害を受けることになるだろう。また、半導体を使った機器は極めて長期に亘って使用不能になることも想定される。こうなると、私たち人類はファラデーやベル研究所の天才的研究者たちの残した偉大な果実を太陽嵐によってすべて失い、それ以前の文明水準に逆戻りする可能性すらあり得るということだ。ざっくりと言えば、前述したような一〇〇年前の大正・昭和初期のような時代にいきなり放り込まれるようなものである。

文明崩壊の危機――スーパーフレアでその時、何が起きるのか

ではここからは、総務省の想定ではなく、本当に「最悪の事態」になったら世の中がどうなるのか、シミュレーションしてみよう。

精密なシミュレーションとなるとかなり専門的な知識が必要となるため、ここでは書籍やインターネットなど、様々な情報源から妥当《だとう》と思われるものを集めて想定してみた。天文学や物理学、工学の専門家から見れば指摘したい部分もあるかもしれないが、あくまで「どのような最悪事態が起こり得るか」という、大枠をとらえたシナリオとして見ていただきたい。

①破局ゼロ日目〜三日目――スーパーフレアの発生と到来

二〇二五年×月×日、NASAは地球に破局的な危機の到来を感知する。太陽観測で巨大なフレアと共にCME（コロナ質量放出）が発生したことを探知

現代にスーパーフレアが到来した場合の被害予想

1 全人工衛星故障

2 宇宙飛行士・航空機乗員被ばく

3 全地球規模で通信障害発生

4 オゾン層破壊

5 全地球規模で大停電

6 福島原発事故クラス事故が地球上の全原発で発生

第6回宇宙ユニットシンポジウム「人類はなぜ宇宙へ行くのか」『人類はスーパーフレアを生き延びられるのか』(柴田一成氏)資料を参考に作成

したのだ。慎重に計算を行なった結果、これまでに経験がないほどの巨大なエネルギーが一七～二〇時間後に地球を直撃することがわかった。これまで、一〇〇〇年に一度程度とみられていた出来事が、いよいよ現実のものとなったのだ。時を同じくして、世界の主要な天文観測施設でも同様の情報をつかみ、危機の到来は確実なものと認識された。

ＮＡＳＡは即座にこの危機事態を米政府に伝達、また世界各国にも危機の到来を連絡した。各国政府は一斉に電力会社に緊急連絡し、危機に備えるよう指示を発した。また、政府はマスメディアや自治体などを通じて危機を国民に周知し、命を守る行動を呼びかけた。

しかしながらこの時、人々が取れる対策などたかが知れていた。せいぜいが、大型電力施設や高圧線から避難することくらいだったからだ。

緊急連絡から一八時間後、いよいよ巨大なエネルギーの固まりが地球に到来した。地球の磁場に太陽嵐がぶつかると、空には極めて明るいオーロラが発生し、幻想的な景色が人々の頭上に広がった。オーロラは極《きょく》地方だけでなく、赤道間近の低緯度の地域でもはっきりと観測された。

　しかし、コトはきれいな景色から阿鼻叫喚《あびきょうかん》の事態に急激に移行した。太陽嵐の到来によって、世界中の高圧線と変圧器に突如として大量の電流が流れたのだ。すさまじいエネルギーの奔流《ほんりゅう》に電線は溶《と》け落ち、変圧器も吹き飛んだ。主要各国の電力システムは瞬時に崩壊した。家庭の電気機器も、次々と火花を吹いた。冷蔵庫、エアコン、電子レンジ、洗濯機、テレビ、パソコン……電子部品を積んだおよそあらゆる機器が破壊された。この突然の怪奇現象に人々は絶叫し、パニックに陥った。

　上空では、さらに恐ろしい事態が発生していた。航行していた飛行機が、次々と迷走を始めたのだ。航路を案内するGPSがほぼ全滅したためだが、緊急着陸しようにも空港の管制塔が機能停止しているため、着陸できるのかがまったくわからないのだ。さらに、夜間の空港は悲惨だった。周囲の街灯りがないため、滑走路の見当も付かないのだ。どこを飛んでいるか、どこに向かうべきかもわからない状態で、もはや燃料が尽きれば墜落、無事着陸しても運が悪ければ他の飛行機と衝突という、絶体絶命の状況である。のちに、記録されただけでも世界中で数百機の旅客機が墜落または衝突し、数万人単位の犠牲者が出たことが判明した。

同様の事態は、陸上でも起きた。鉄道は線路の切り替えが電子制御になっており、世界各地で衝突事故が多発したのである。もちろん、道路の信号も停電で動かなくなり、おびただしい数の自動車事故が発生した。

事前に太陽嵐の危機事態を知っていた人たちですら、これほどの影響がおよぶことは予想できなかった。ましてやそのことを知らない人たちは何が起きたのかまったく把握できず、パニックに陥った。状況を調べようにも、あらゆる通信が途絶した状態であり、事態を把握する術がないのである。

さらに、電気を使うあらゆるものが機能停止に陥ったことも、パニックを増幅させた。ガスや水道も使えず、交通機関も物流も停止した。東日本大震災や阪神・淡路大震災、あるいは熊本地震、能登地震などの巨大地震が到来した時にもあらゆるインフラが途絶したが、太陽嵐では大揺れや建物倒壊などの実害なしに、いきなりすべてのインフラが機能停止したのである。

②破局三日目〜一五日目――想像を絶する被害、復旧のメド立たず

スーパーフレアの到来からおよそ数日が経ち、世界各地で被害の全容が徐々に明らかになってくるにつれ、想定をはるかに上回る壊滅的な状況がわかってきた。まず、電力の喪失が極めて深刻な状態であることが明らかになった。高圧電線を含む電線の大半がすさまじい電流に耐えきれずに溶けちぎされ、跡形もなく喪失していた。これを再度敷設《ふせつ》するには、気の遠くなるような復旧作業が必要となることが判明した。

また、変電施設にある大容量の変圧器も、軒並み溶けて鉄の固まりと化していた。変圧器は電力会社や製造企業でも余剰在庫が少なく、新たに製造して設置するまでに要する期間を見積もることも困難であった。巨大な変圧器は製造できる企業が限られるため、調達や輸送にも困難が予想されたのだ。

ある民間企業の試算によると、世界の主要都市の大半で電力関連施設に壊滅

的な被害が出たため、部品調達や設置、試験稼働などの工程を考慮すると、従前の電力供給を復旧できるまでに「一五年程度の時間」が必要であると見積もられた。政府関係者たちは、その絶望的な試算に現代文明の終わりを想像した。

電気が使えないことで、各方面にさらなる影響が発生し始めていた。まず、都市部で水の供給が滞り、人々は飲み水の確保にも困る状態となった。水道施設には、給水ポンプなど電気で作動する機械が必要となる。長期化する大規模停電によって、水道も完全に使えなくなったのだ。人々は防災井戸や湧《わ》き水などに大行列を為した。

水の決定的不足は、別の問題も生んだ。火事が発生しても放水して鎮火させることができなくなったのだ。住宅の密集地帯などでは、周辺の建物を壊して延焼《えんしょう》を食い止める他に手はなくなったが、それも火事のスピードに間に合わなければ燃えるがままに放置する他なくなった。ある地方都市では、閑静《かんせい》な住宅街の八割を焼失する大規模火災が発生し、多くの人が家を失った。

海外ではより深刻な火災も発生した。大都市を走るガスのパイプラインに引火し、大規模な爆発が発生した他、同時多発的にガス管から火の手が上がり、鎮火が困難な事態になったのだ。こうなると、すべてが燃え尽きるまで誰も手が付けられない状態となる。都市の七割が焼失し、住民の大半が街を捨てて逃げ出すといったことまで起き始めていた。

電気に関連したあらゆる物が危機的状況にあった。まず、人工衛星は九割以上が損傷し、大幅に軌道を外れていた。これらはやがて地球の引力に引き付けられ、墜落、消失する運命にあった。また、特に極地方に近い高緯度地域では、オゾン層の破壊が進み紫外線や宇宙線の到達量が劇的に増加していた。これらは短期的には大きな影響は出ないものの、長期的には非常に甚大な健康被害をもたらす危険性があった。

さらに、電力喪失によって極めて深刻な状況に陥ったのが、原子力発電所だった。原子炉は常に通電して燃料棒を冷却する必要があったが、それに必要なだけの電気を確保できない原発がいくつも発生したのだ。これが、さらなる重大事態を発生させる要因となった。

③破局一五日目～二ヵ月目――治安悪化、略奪、サバイバル

巨大太陽嵐の到来から二週間以上が経過すると、いよいよ本格的な混沌が人々を襲った。医療機関では電気を用いた機材が使用できないため、原始的な方法での手術、治療しか行なうことができなくなった。冷蔵・冷凍設備も使えず、大量の薬剤が使われず破棄されることになった。手術や継続的な治療なくして命を永らえることができない患者たちが、次々と亡くなって行った。

物流が完全にストップしたため、スーパーなどの食料品は強奪され、都市は完全に廃墟と化しつつあった。ビルの高層階などは比較的早くから打ち捨てられ空き巣狙いのならず者が押し入っていたが、この時期になると誰もそうしたところには立ち入らなくなった。

世界中どこでも、都市の治安は劣悪なものとなった。至るところで略奪が起き、傷害や殺人も激増した。金品を要求する者も少なくはなかったが、多くは食糧や燃料などを要求した。わざわざ備蓄が多そうな家に押し入り、住人を追い出して生活を始め、物資が尽きたら次の家を襲うという暴力集団も登場した。

農家や酪農家に食糧を狙って強盗に入る者が現れると、農家側も自警団を組織した。中には強盗団に散弾銃を放銃して掃討したという例もあった。また、食糧や水の他にもガソリンや石油が付け狙われ、人々は日々攻防に明け暮れた。

一方で、早々に都市圏での生活に見切りを付け、人が少なく自然が豊かな田舎に活路を見出す者も現れ始めた。飲み水が確保できる場所に移り住み、山菜を採取し漁や狩りで食糧を確保しようと、多くの人々が野山に分け入った。しかし、付け焼刃でできるほどサバイバルは甘くはない。クマやイノシシの返り討ちに遭った者、スズメバチに全身を刺されて命を落とした者、生水《なまみず》に当たって衰弱する者など、次々と生き残りから落伍《らくご》する者が出た。

一部のより賢明で準備の良い人たちの中には、特殊な技能を持つ者同士で互助組織を作り、快適な生活を維持する者たちもあった。彼らは難を逃れたソーラーパネルや発電機をかき集め、電気を作って冷蔵庫などを動かし、人目に付かないよう保存していた備蓄食糧で日々をしのいだ。彼らは電気関係のエンジニアや医師、サバイバルの知識や経験が豊富な元軍人などで、電気がなくなった極限のサバイバル環境にあって生き残りに有用な専門性を持つ者たちである。

しかしながら、彼らにしてもその生活をいつまでも続けられるものではなかった。手持ちの機器類にしても壊れてしまえば替えはないし、備蓄も尽きてしまえばなんらかの方法で調達しなければならないためだ。そういう意味では、誰もが先の見えない「文明以前」のサバイバルに大きな不安を抱えていた。

そして、文明社会が決定的打撃をこうむる事件が発生する。世界各地で電源喪失していた原発のいくつかが、次々と爆発を起こしたのだ。中には、チョルノービリ原発なみの大事故となった原発もあった。

原発以外にも次々と事故が発生した。製油所、ガスタンク、化学工場、食糧備蓄施設などで、爆発や火災、暴動が続発し、多くの死傷者が出た。政府、自治体は事態の鎮静化に向けた努力を続けていたものの、できることはほとんどなく、ただ事態を眺め続ける他になかった。

いよいよ、社会のムードは無政府状態に近付きつつあった。各国とも、当初は警察や軍隊を出動させて治安維持に努めていたものの、肝心の警察・軍隊すらも食うに困る事態であり、通信網なども寸断されている中で、なかば暴走を始める始末だった。

電力喪失当初、人々がまだ相対的に冷静だった頃は、必要な物資を手に入れるために現金が用いられていた。電力がまったくない状態であるから、キャッシュレス決済、電子決済と言われるものは一切通用しなかったため当然のことだったのだが、そのうちに物資の欠乏が決定的になってくるとモノの値段はあっという間に跳ね上がり、やがて誰も通貨を使わなくなった。信用できるのは現物、それも生き残りの役に立つ食糧や生活必需品のみである。

この頃には物々交換が主流となり、世界各地の街々で徐々に「お勝手市場」が形成されて行った。そうした中で、ダイヤモンドは持ち運びも便利で秘匿《ひとく》性に優れていたため、G－A（米国宝石学会）の保証書付きの石はヤミ市場でも高値で取引された。

④破局から一年――文明的退化と動乱

スーパーフレアによる破局から季節が一巡すると、ごく一部の地域では電力が復旧し始めた。かつては多くの人々が何気なく利用していた便利な生活家電、パソコンやスマホなどの情報端末、電子制御が進んだ自動車などは一般庶民の手の届かないものとなり、電気を利用できるごく一部の富裕層や特権階級の持ち物となって行った。

大多数の人々は徐々に文明的な生活様式から離れ、一〇〇年以上も前の「文明的に退化」した生活を送っていた。基本的に、食糧や燃料は自給自足である。農家や酪農家もいるにはいたが、以前のように大規模な生産は到底望めなくなっていた。何しろ、大規模な農業や酪農では生産から輸送、保存、加工などあらゆる局面で電気や燃料を使う。電気も燃料も乏しい中では、周辺一帯の住民に分け与える程度まではできても、都市に出荷して多くの消費者に提供することは無理な話であった。よって、多くの人々は自分で耕《たがや》したものを食べたり、山野に分け入って狩猟採集したりした。ガソリンや石油が入手できるのはまれで、日常の燃料は主に薪となっていた。

季節の移ろいによって、多くの健康な人たちが衰弱し、病を得て死んで行った。国や地域によって要因は異なるが、極寒あるいは灼熱といった環境だけでなく、感染症を媒介する蚊や虫、小動物などの繁殖、さらに劣悪な衛生環境がその大きな要因となっていた。正確な数字は定かではないものの、地球上の全人口は二〇二四年の推定八〇億人強から、なんと四〇億人程度にまで減少したと見られる。

そして、多くの国家が国家破産状態に陥っていた。財政運営を行なうにも、あらゆる行政の仕組みが事実上崩壊していたためだ。最低限の行政サービスを提供することも困難であった。破局事態から半月程度は銀行に人が押し寄せて取り付け騒ぎが起き、預金封鎖が実施されたが、一年も経つとそれもすっかり落ち着いた。というよりも、ハイパーインフレによって預金の価値が著しく低下したため、もはや自分の預金に何かを期待する人々はほとんどいなくなったというのが実情だ。

株式市場をはじめとした金融システムは稼働していたものの、企業実態や景気動向などとはまったく掛け離れたマネーゲームと化し、すさまじい乱高下を繰り返していた。だが、それらに興じるのも一部の富裕層に限られ、一般庶民には手の届かない世界になっていた。

それでも主要国では辛うじて中央政府が存続し、外交能力を有しており形の上では国家は存続していた。だがしかし、その実態はかつてのような堅牢《けんろう》なものではなくなっていた。どの国も国内事情は極めて深刻で、民心を掌握《しょうあく》し国家の体《てい》を保つためには、他国への侵略すら辞さないという究極の「自国第一主義」思想がはびこりつつあった。

そしてついに、その瞬間はやってきた。国境を接するとある国同士が、ちょっとしたアクシデントから戦争状態に突入したのだ。いわゆる「偶発《ぐうはつ》戦争」だ。前時代的な武装と通信手段を用い、これまた前時代的な戦術で侵攻する軍隊に、これまた前時代的な軍隊が応戦するという、第一次世界大戦当時のような泥臭い戦闘が繰り広げられた。戦局を決定付けたのは、一方の軍が投入した戦闘機だった。それも最新鋭のステルス機などではなく、開発から六〇年以上も経ち、すでにどの国でも退役したはずの「M i G―25」だった。

半導体に比べ電磁波に強いとされる真空管を積んだこの戦闘機は、実際一年前のスーパーフレアの影響を辛うじてかわしていた。誰が、どうやって整備し、実戦投入に漕ぎ付けたのかは謎であったが、いずれにしても制空権を確保すると戦局の優位を確立した。このことが、事態を思わぬ方向へと転じて行った。優位に立った国が勢いそのままに隣国への侵略を開始したのだ。「どうせ戦争になったのだから、実力行使で奪ってしまえ」とばかり、国境から遠くない穀倉地帯や採掘場を目指し、ついに破局後初の武力侵攻を完遂したのである。

「ついに恐れていた事態がやってきた」――他国を侵略することが、今の国家生き残りの現実解《げんじつかい》であることを突き付けたこの事実は、多くの国々を震撼させた。ただその一方で、一部の国ではその結果に大きな期待を膨らませていた。「『武力による窮状の打開』という方法があるではないか！」――為政者たちの目には、悪魔的な魅力を放つ手段に映り始めていた。

⑤破局からn年――人類の決定的衰退と新文明の萌芽

人類は、二度の世界大戦で戦争の凄惨《せいさん》さ、愚かさを学んだはずであった。しかし、人間とはまた「忘却《ぼうきゃく》の生物」でもある。先の大戦から八〇年余りの平和を謳歌した人類は、浅はかなことに三度目の愚行を侵した。主要国同士が、血で血を洗う破壊と略奪に邁進したのだ。スーパーフレアによって人工衛星も精密な計算機も大半が破壊されていたことが幸いし、大陸間弾道ミサイルをはじめとした大量破壊兵器が使用されることはなかったものの、食い詰めた国民を動員した総力戦は、人類にぬぐいがたい大打撃を与えた。

三年余りにおよんだ世界戦争は、推計で一億三〇〇〇万人にものぼる戦死者を出した。第二次世界大戦では世界人口の約二%が戦死したと言われる（戦死者推定四〇〇〇～五〇〇〇万人、一九五〇年当時の世界人口二五億人）が、この戦争では世界人口の三%強が亡くなった計算だ。

さらに過酷な事態も広がっていた。スーパーフレアによってオゾン層が破壊され、大量の宇宙線や紫外線が高緯度地方を中心に地表に降り注いだ結果、皮膚がんや白内障を発症する人が激増したのである。また、大量の紫外線が免疫機能を低下させ、これまではあまり発症例がなかった感染症が爆発的に流行した。さらに、折悪く新型のインフルエンザが世界的に流行した。およそ一〇〇年前に流行した「スペイン風邪」の再来となったこのパンデミックで、全人口の約三〇％感染・発症し、一億人近い死者が出た。

スーパーフレアによる破局からn年後、人類の総人口は二〇億人程度にまで減少した。文明崩壊、飢餓、戦争、疫病など、およそ「災厄《さいやく》」と呼ばれるあらゆるものが到来し、人類は苛烈な自然淘汰によって「間引《まび》き」されたのだ。

かつて隆盛を極めた、様々な最先端の科学技術は辛うじて継承されていたが、多くの人々はもはやその恩恵に与《あずか》ることを忘れ、あるいは避けるようにすらなった。人類は科学技術によって脆弱になった、という事実を苛烈な自然淘汰で思い知った人々は、物質的に豊かで便利な生活から距離を置き、自然との共生を指向するようになって行った。

物質文明におぼれ、「自然の摂理」を忘れた人類だったが、自然の猛威に触れたことで大きな変質を余儀なくされたことは希望であったかもしれない。

二〇二五年の破局まで、人類はわずか一〇〇年余りの間に爆発的にその数を増やし、物質文明の高みに到達した。しかしその見返りに、人類は危機的なまでに脆弱になった。さらに人類が文明の高みを極めていれば、自然淘汰の波は人類を完全に滅《めっ》したかもしれないのだ。

人類は、大きな挫折を経験した。しかし、辛うじて生き残った。ここからは、いかにして再び立ち上がり、文明の歩みを進められるかにかかっている。

そして人類は、まったく新しい文明の世紀を迎えるのか？

いかがだったろうか。私は、スーパーフレアの到来が人類の存亡にも関わりかねないほどの甚大な影響をおよぼすと見ている。したがって、「最悪のシナリオ」はこれくらいのものになると想定している。読者の皆様には、「相当厳しい」とお感じの方も多いかもしれない。しかし、これだけの事態もあり得ると考え腹をくくっておけば、コトに当たって自分がいかに行動し、生きて行くかも冷静に考えられるはずだ。

スーパーフレアによって、電気を主軸にした現代文明が崩壊するとすれば、私たちは文明水準を一〇〇年以上も巻き戻した生活を余儀なくされる。その後の私たちの社会は、現在のような自己中心的、物質至上主義的、成功主義的な価値観を維持することはできないだろう。自分が生きて行くためには他者との関わり、自然との共生が必須となり、必然的に精神性や社会性を重んじた、自己抑制的な価値観が台頭するのではないかと見ている。それは、第一章で触れたＳＨＯＧＥＮ氏の言う「縄文時代の日本人的価値観」の復活にも通じるもので、人類の新しい文明の根底をなす思想となるだろう。

もちろん、そうした新しい文明に則《そく》した思想を、現代文明にすっかりと浴した私たち現代人が受け入れることは容易ではないだろう。ただ、人間は置かれた環境に適応し、生き抜いて行く生物である。生き残ることさえできれば、新しい人類の世界を垣間見ることもできるだろう。

それよりも、まずいかにして生き残るかが重要で、また極めて難しい問題だ。ただ、いかに困難な状況であれ、事前に想定してコトに臨むことで道は開けてくるものだ。シミュレーションでは、世界人口が四分の一になるという極めてシビアな状況を想定したが、これも「そうなることをあらかじめ覚悟しておく」ことでどう生き残りを図るかの工夫ができ、結果的に「四分の一」に入ることも可能となるだろう。

そこで次章では、生き残りのためにどのようなことを想定し、準備すべきかを具体的に見て行きたい。おそらく、平穏な現代社会を生きる読者の皆さんにとって、「そんな対策は現実的なのか?」とお考えになるようなこともあるかもしれない。しかし、本章で見てきたシミュレーションに立ち返ってみれば、その意味も納得されるのではないかと思う。とにかくしっかりと想定をして、対策法を頭に巡らせていただきたい。

第四章　生き残るために急いでやるべきコト

明日はなんとかなると思う馬鹿者。
今日でさえ遅過ぎるのだ。
賢者はもう昨日済ましている。

（チャールズ・クーリー：アメリカの社会学者）

太陽嵐による大災害に備える

現代の社会インフラは、高度なコンピュータや繊細な通信システムに支えられている。強力な太陽嵐は、このような社会インフラを一瞬にして機能不全に陥れる。長期間に亘る大規模停電、通信障害により社会機能はマヒする。現代において、パソコン、スマホ、テレビ、エアコン、冷蔵庫、洗濯機、カーナビなど身近にある多くの〝文明の利器《りき》〟が一切使えなくなる状況など考えられない。いや、考えたくもないだろう。

しかし、太陽嵐による大災害は間近に迫る、そして今後も周期的に起こり得る避けようのないリスクだ。本書の最終章では、このリスクに対応するための具体的な対策について考えてみたい。

まず、太陽嵐により想定される代表的な被害が「通信障害」だ。二週間程度、「スマホ」や「フィーチャーフォン（ガラケー）」が断続的に使えなくなる可能性があると言われる。いまや、スマホは人とのコミュニケーションツールとして最もメジャーな存在だが、通信手段がスマホだけという人は極めてハイリスクだ。スマホが使えなければお手上げとなる。

そのような事態に備え、複数の通信手段を確保することが非常に重要になる。現在は、老若男女を問わず一人一台携帯電話を持つのが常識だから自宅に「固定電話」を持たない人も少なくないが、リスク管理上はやはり固定電話もあった方がよいだろう。携帯電話がダメでも、固定電話が使える可能性があるからだ。固定電話のない人は、この機会に新たに設置するのも一考だ。

「公衆電話」が使える可能性もある。公衆電話の利用も想定し、「テレホンカード」を少なくとも数千円分、できれば数万円分用意しておくとよい。金券ショップなどで購入するとよいだろう。テレホンカードは、もはや〝絶滅危惧種〟でニーズが激減しているから、目を疑うほどの激安価格で販売されている。念のため、「小銭」も用意しておくべきだ。絶対に必要なのは十円玉で、数十枚は用意しておきたい。それと、百円玉も数十枚用意しておくとよい。

若い世代の中には、公衆電話を使ったことがなく、使い方がわからないという人もいるだろう。あらかじめ年長者に聞くなり、インターネットで調べるなりして使い方を確認しておこう。子供には親が教えておくことだ。できれば、実際に使用し、体験しておくと安心だろう。

「ハガキ」や「手紙」も連絡手段になる可能性がある。友人、知人との連絡はもっぱらＬＩＮＥやメールという人も多いだろうが、相手の住所がわからなければ手紙を送ることはできない。郵便の利用に備えて、相手の住所はあらかじめ確認しておくことだ。

無線通信網である、「Wi-Fi」への影響も大きいと言われる。現在、家庭やオフィスをはじめ公共スペースなどあらゆる場所でWi-Fiが普及している。様々なデバイスがWi-Fiを介してインターネットに接続され、ビデオストリーミング、オンラインゲーム、リモートワークなどで活用されている。太陽嵐の発生により、Wi-Fi接続の切断や通信速度の低下が引き起こされる可能性がある。

そこで対策の一つとして考えられるのが、「有線ＬＡＮ」の利用だ。無線通信のWi-Fiがダメでも、LANケーブルでインターネットに接続する有線LANは利用できる可能性も十分ある。Wi-Fiだけでなく、有線LANも使えるよう準備しておくことをお勧めする。

しかし、カリフォルニア大学アーバイン校のアブドゥ・ジョティィ氏の研究によると、「インターネット回線」がダメージを受けるリスクはある。インターネット接続に使われる光ファイバーケーブルは、太陽嵐の影響を受けにくい一方、大陸間をつなぐ長距離海底ケーブルについては、太陽嵐の影響を受ける可能性があるという。特に、巨大な太陽嵐が発生した場合は、損害を被るリスクはかなり高いという。たとえ各地方の光ファイバーケーブルが無事であっても、海底ケーブルがダメージを受ければ、世界中のインターネットが遮断される事態も絵空事ではない。とにかく、大切なデータは常にバックアップを取るという基本を守るしかない。

スマホそのものを電磁波から守る対策も講じたい。「ファラデーケージ」を利用すれば、電磁波によるスマホの損傷を防ぐことが可能だ。ファラデーケージとは、導体でできた器やかごのことで、外部の電界を遮蔽する働きがある。スマホをファラデーケージで囲ってしまえば、外部電磁波の影響は内部にはおよばない。

そこまで本格的な対策を個人で行なうのは、あまり現実的ではないかもしれない。簡易的な方法だが、アルミホイルで代用が可能だ。スマホを、ただアルミホイルで包むだけだ。アルミホイルには電磁波を遮断する効果がある。スマホをアルミホイルで包み、別の電話からそのスマホにかけてみると、「おかけになった電話は電波の届かない場所にあるか、電源が入っていないためかかりません」というおなじみのアナウンスが流れてくるだろう。

東野圭吾原作の映画『真夏の方程式』にこんなシーンがある。とあるローカル線の車内で、子供がアルミホイルに包まれたおにぎりを食べながら、かかってきた携帯電話に出て話をしている。すると、隣りに座っていた高齢男性が「電車の中では電源を切りなさい」と注意する。子供は「電源切ったら、親にメールが送られて大変なことになるんだよ。知らないの?」と口答えする。

怒った男性は、子供から携帯電話を取り上げようとする。そこに居合わせたのが、主人公の天才物理学者・湯川だった。湯川は子供が持っていたアルミホイルで携帯電話を包み、「これで電波が遮断されるから電話はかかってこない」ととりなすのだ。

基本的な対策は、地震などの防災対策に準じて備える

太陽嵐がもたらす災害への対策は、地震など他の災害対策と重なる部分が多い。地震などの局地的な災害と異なり、太陽嵐による災害は被害が広範囲におよぶため、被災後の支援が得られない可能性がある。そのため、地震などの一般的な災害対策に比べると、各自の備えをより手厚くしておく必要がある。

前述したように、国は一〇〇年に一度の規模の太陽嵐が発生した場合の「最悪のシナリオ」を想定した報告書を二〇二二年に発表している。報告書には、スマホやテレビ、ラジオ、タクシーや列車、船舶、航空機の無線などで二週間

程度の通信障害が発生する可能性が示されている。それに伴い、各種交通機関の運行抑制が二週間に亘り断続的に発生し、広範囲で交通および物流が停滞する。そこから考えると、少なくとも二週間以上は他所からの支援がなくても困らない程度の備えは必要になろう。

また、太陽嵐は大規模停電をもたらすリスクがあるから、停電対策が必要になる。保護装置の誤作動や変圧器の損傷などにより電力供給が滞り、停電が発生する可能性があるのだ。太陽嵐が小規模な場合は数時間から一日程度で復旧することが多いようだが、大規模なものになると数日から数週間停電が続く可能性があると言う。

停電対策として何よりもまず用意しておくべきは、「懐中電灯」と「ローソク」だ。ローソクは昔から代表的な防災用品だが、地震の際には転倒し火事になるリスクがある。最近は「充電式のLEDランタン」など高性能・高機能の製品がたくさんあるから、火を使うローソクよりはそのようなランタンの方が安心だが、太陽嵐となると話は別だ。充電式のランタンは安全で便利だが、停電してしまえば充電はできない。その点、ローソクならマッチかライターさえあれば利用できる。ローソクは必ず用意しておきたい。乾電池式のランタンも有用だろう。「乾電池」も多めにストックしておくことだ。

戸建てに住んでいるなら、「太陽光発電システムの導入」も有力な停電対策手段になる。曇天時や夜間は十分に発電できないなど制約も多いが、「蓄電池」も併用することで停電時にも照明はもちろん、テレビや冷蔵庫などの家電も使用することができる。

「ポータブル電源（ポータブル蓄電池）」も用意しておくとよい。発電機はパワフルで良いのだが、ガソリンなどの燃料が必要で排気ガスが出るため、室内では使用できないのがネックだ。ポータブル電源なら燃料が要らず、排気ガスを出さないから室内で使用可能だ。一般にポータブル電源は、発電機に比べ定格出力が小さく使える電気製品も限られるが、最近ではかなり容量のある製品も出てきている。

「プラグインハイブリッド車（ＰＨＥＶ）」や「電気自動車（ＥＶ）」も停電時

に役に立つ可能性がある。「Ｖ２Ｈ」というシステムを導入すれば、ＰＨＥＶやＥＶに蓄えた電気を家で使うことができる。ガソリンと併用できる分、ＰＨＥＶの方が有利だ。三菱自動車のＰＨＥＶ車「アウトランダー」の場合、満充電かつガソリン満タンでのエンジンでの発電を組み合わせることで、最大約一二日分の電力量が供給可能だと言う。ＰＨＥＶならガソリンが補充できれば、発電しながらずっと電源として使うこともできる。ＰＨＥＶ車の中にはＡＣ１００Ｖ電源を装備し、車内で家電を使ったりエンジンをかけずにエアコンを使うことができるものもあり、災害時には心強い。

実際のところ、太陽嵐の影響がどのようにおよぶかは、その時にならないとわからない。太陽光発電システムにしても蓄電池にしても、あるいはＰＨＥＶにしても、一〇〇％確実に役立つとは言い切れない。太陽嵐による停電対策に確実に役立つと言い切れるのは、ローソクくらいのものだろう。とにかく太陽嵐のような状況下では、ハイテクなものほど弱く、原始的なものほど強いのだ。その点で、可能な限り多くの停電対策手段を用意しておくことが望ましい。

さらに、物流の停滞も考えられるため、「水や食糧」などの備蓄が必要になる。このあたりは一般的な防災対策と同様の対策で問題ないが、すでに述べたように二週間分以上の備蓄をしておくべきだ。

「飲料水」は一人一日三リットルが必要と言われる。二週間分だと四二リットルが必要になる。二リットル入りのペットボトルなら二一本分だ。それが人数分必要になる。三人家族なら一二六リットル、四人家族なら一六八リットルとなる。しかも、これは飲料用だけだ。それ以外の生活用水も必要になる。「ポリタンク」を備えて、断水する前に蛇口から水を入れておくこともよいかもしれない。折りたたみ式のポリタンクを利用すれば、小さなスペースにも保管できる。浴槽にも常に水を貯めておきたい。家庭の浴槽には一五〇リットル程度の水を貯めておくことができる。突然の断水などの際も貴重な生活用水になる。日頃より入浴後は必ず浴槽を洗い、きれいな水を張る習慣を付けたい。

当然、「食糧」の備蓄も必要だ。「保存食」や「非常食」を十分備えておきたい。パン、うどん、米など長期保存可能な多くの非常食が販売されている。非常食は長期保存が可能なために、その存在を忘れがちだ。賞味期限切れには十分注意したい。非常食以外にも米、乾麺（そば、うどん、パスタなど）など、「普段の食事に使うものも多めにストック」しておくとよい。調理に手間のかからない「レトルト食品」や「フリーズドライ食品」「缶詰」「お菓子」「パックご飯」なども多めに用意しておくと便利だろう。ビタミン、ミネラル、食物繊維などが不足しないよう、「日持ちのする野菜」「野菜ジュース」「ドライフルーツ」さらに「カロリーメイトのような栄養補助食品」「サプリメント」なども用意しておくとよい。これらの食品を「ローリングストック法」（定期的に食べ、食べた分を買い足し備蓄して行く方法）で上手く利用できれば、被災時にも普段の食事に近いものが食べられる。賞味期限の管理の手間が少ないことも、ローリングストック法の利点だ。

ガスが使えない状況も考えられるから、「カセットコンロとカセットボンベ」は必ず用意しておくことだ。カセットボンベは一本で約六〇分使用可能だ。一日三〇分使うとすると、二日で一本消費する。ということは、七本程度ストックしておく必要がある。ちなみに私は、太陽嵐以外の様々な大規模災害に備え、カセットボンベを六〇〇本備蓄している。

コンロとボンベの使用期限にも注意したい。一般にカセットコンロは製造後一〇年、カセットボンベは製造後七年が使用期限とされている。部品が劣化して火災など事故を起こす危険性が高まるため、使用期限の過ぎたものは適切に処分し、新しいものに買い替える必要がある。

水や食糧以上に重要な備蓄品と言えるのが、「非常用のトイレ」だ。太陽嵐により停電が発生した場合、水道のポンプや浄水施設の機能が停止し、水の供給が途絶える可能性がある。断水した場合、トイレは何よりも切実な問題になる。空腹はある程度我慢できても、排泄を長時間我慢することはできない。災害用の簡易トイレを必ず備蓄しておくことだ。トイレ（便座）と共に、排泄物を入れる使い捨ての袋も大量に購入しておく必要がある。便座にセットし、使用後、付属の凝固殺菌剤を振りかけ、袋ごと処分できるタイプの商品が市販されている。一人あたり一日三袋使うとしても、二週間で四二袋必要で、三人家族なら一二六袋用意することになる。「トイレットペーパー」も、二週間分備蓄しておかなければならない。

「現金」も手元に用意しておくべきだ。最近は都市部を中心にキャッシュレス決済が浸透しているが、停電になればクレジットカードも電子マネーもＱＲコード決済も使えなくなる可能性がある。また停電時には、ＡＴＭや銀行店舗のコンピュータシステムも機能停止になる可能性が高い。つまり、銀行預金は当てにできないということだ。そのため、常にある程度の現金は持っておくべきだ。最低でも、五万円くらいは財布に入れておきたい。それとは別に、自宅にも五〇万円程度のまとまった現金を置いておけば安心だ。公衆電話や自販機などの利用も想定し、小銭も持っておくとよい。

冬場は、いかに暖《だん》を取るかも重要なポイントになる。夏でも夜間は冷え込むこともある。寒さや冷えで体調を崩さないようにしたい。電気が使えない状況を想定し、可能であれば「石油ストーブ」や「薪ストーブ」などを用意しておくとよい。賃貸住宅などでストーブの利用が難しい場合は、「カセットボンベで動くストーブ」が役に立つだろう。その点でも、カセットボンベも多めに備蓄しておくとよい。さらに、停電や燃料の入手困難などで暖房器具が使えない状況に備え、ホカロンなどの「使い捨てカイロ」は多めに準備しておきたい。

その他、「マスク」「ティッシュペーパー」「ウェットティッシュ」「薬」「乾電池」など、各自必要なものを日頃から十分備蓄しておきたい。

先端技術を取り入れた車ほど危ない

車への影響も大きいと考えられる。現在の車には多くの電子部品が使われており、太陽嵐の影響を受ける可能性がある。中でも最も大きな影響を受けると考えられるのが「カーナビ」だ。太陽嵐によりGPSの測位精度が低下し、位置情報に最大数十メートルの誤差が生じる可能性があるという。当然、事故を誘発する。そのような時にカーナビに頼って運転するのは危険極まりない。頼るべきは、「昔ながらの紙の道路地図」だ。

なあに、これは大した話ではない。ほんの二、三〇年前までカーナビなしで運転するのはむしろ普通であった。昔は初めて行く場所、初めて走る道の場合、出掛ける前に地図を見て走行ルートを確認してから出発したものだ。車線変更が遅れて曲がるべき交差点で右左折できなかったり、道に迷っては車を止めて地図をめくり、あるいは地元の人に尋ねるなどして現在位置と目的地へのルートを確認して再び走り出すというのが普通だった。中高年ドライバーにとっては、少々不便な昔に戻るだけの話だ。若い人は、カーナビなしで車を運転したことがないという人が多いかもしれないが、心配いらない。今の中高年が若い頃には、カーナビなどなかった。当時のドライバーは誰もが地図を頼りに車を運転していたのだから、今の若者ができないはずがない。

それよりも気にかけるべきは、地図の入手だ。強力な太陽嵐の発生でカーナビが使い物にならなくなれば、多くのドライバーが地図を求める。道路地図は沿道のコンビニはもちろん、駅前の書店でもあっと言う間に売り切れになるだろう。今すぐにでも書店に行き、自分にとって見やすく使いやすい道路地図をあらかじめ購入しておくことだ。

「自動運転」は、さらに危険だ。自動運転技術には「ＧＰＳ」が欠かせない。自動運転車はＧＰＳにより正確な位置情報を入手し、安全で効率的なルートを選び、自走する。ＧＰＳが機能不全に陥れば、車線の逸脱や事故のリスクが高まるのは当然のことだ。

自動車ではないが、農機の自動操舵《そうだ》システムが実際に太陽嵐の影響を受けている。アイオワ州などアメリカの一部地域では、太陽嵐によりＧＰＳが影響を受け、農機の自動操舵システムが使えなくなり、現地の販売店に農家からの電話が殺到したという。日本でも、農機の自動操舵システムの精度に異常が発生した。『日本農業新聞』（二〇二四年五月二一日付）の報道によると、二〇二四年五月一四日、千葉県内の農家が自動操舵田植え機を使用した際、これまで経験したことがないずれが出たという。ずれは大きい場所で二〇センチほどで、隣の条《すじ》に重なるほどではなかったため、水稲の生育には問題はなく、作業不能となるような大きな問題は生じなかったようだ。ただ、ある農機メーカーには自動操舵システムの「今まで見たことがない挙動」が報告されたという。モニター上は直進しているにも関わらず、実際はうねって進むというのだ。これが太陽嵐の影響なのか断定はできないようだが、同年五月八日から一五日までに大規模な太陽嵐が一三回連続で発生しており、自動操舵システムの異常が太陽嵐の影響である可能性は十分考えられる。

もしも、このようなことが自動運転の車で起きたら……。考えただけでもゾッとする。全国で交通事故が多発することは避けられまい。自動運転システムが異常をきたした場合、ドライバーによる手動運転に切り替えることが考えられる。しかし、これについてもあまり過信しない方がよいかもしれない。何しろ、現代の車はハイテクだ。従来の機械式の制御から、ソフトウェアによる電子制御を行なう仕組みへとシフトしている。カーナビだけでなく、エンジンやブレーキ、ステアリングなどの動作制御、排ガスの制御、自動ブレーキ（衝突被害軽減ブレーキ）やオートライト（ヘッドライトの自動点灯・消灯システム）に代表されるＡＤＡＳ（先進運転支援システム）など、いずれにも高度なソフトウェアを必要とする。最近の車には、三〇個程度から多いものだと一〇〇個を超えるECU（電子制御ユニット）および一〇〇〇個以上の半導体チップが搭載されているという。

現代の車は、ハードウェアとソフトウェアから成り立っている。これまでは車体、エンジン、ブレーキなどのハードウェアが主体であり、ソフトウェアは従属的な存在であった。しかし、アメリカのEV大手テスラに代表される「SDV（ソフトウェア・ディファインド・ビークル）」と呼ばれる次世代車の登場により、その力関係は逆転しつつある。SDVとは、簡単に言えばデジタル化された車のことだ。インターネットを通じてソフトウェアを更新することで、運転支援システムや事故防止機能などを向上させたり、地図情報はもちろん最新のゲーム、映画などの娯楽サービスを提供することも可能だ。利用者は、車を購入した後もネット経由で新しい機能を追加したり、性能を向上させることができる。メーカーが新しいソフトウェアを開発し、インターネットを通じてユーザーの家にとめてある車のソフトウェアを更新する。パソコンやスマホの

アップデートと同じで、ＳＤＶはさながら「走るパソコン」だ。

このような車のデジタル化により、車を買い替えなくても最新の機能を使うことができる。ＳＤＶの登場により、「買ったばかりの新車が最も良い状態」というこれまでの常識が覆《くつがえ》りつつあるのだ。

インターネットにつながり、高度にデジタル化した最新の車が太陽嵐に襲われたら、もはや車は制御不能になる可能性さえある。太陽嵐が発生すると、宇宙空間を飛び交う様々な放射線（宇宙線）が大量に地球に飛来する。宇宙線は大気中で様々な原子核と衝突し、中性子やミューオンといった粒子を作り出す。これらの粒子が地球に降り注ぎ、半導体にぶつかると一とゼロで保存されているデータを反転させてしまう。これは「ソフトエラー」と呼ばれ、電子機器などに誤動作を引き起こす。基本的に半導体はより小さく、より低電圧で動くよう開発が進められるが、小さく低電圧で動く半導体ほど、宇宙線による誤動作のリスクは高まる。

やはり、最もリスクが高いのは自動運転車だ。自動運転車はカメラ、レーダーなどの搭載センサーから得られる情報をはじめ、航法衛星システムから得られる位置情報、「この道の横には川が流れている」といった外界に関する情報、渋滞や工事中といった通信を経由して得られる情報などをフルに活用して走行する。太陽嵐の発生が電波受信環境を変化させ、測位電波が受信できなくなったり、衛星システムがダウンしたり、５Ｇ（第五世代移動通信システム）に代表される無線高速データ通信が機能しなくなる可能性がある。そうなれば、自動運転車は機能を失い、下手をするとまったく動かなくなる。動かなくなるならまだよい。なまじ動いたばかりに誤動作を起こす方がよほど恐ろしい。

あえて古い車に乗る

すでに述べたように、現代の車はソフトウェア主導で電子制御を行なうため、一〇〇〇個以上の半導体チップが搭載されている。それらの半導体が太陽嵐の影響を受け、車の様々な機能に誤動作を引き起こす。

ということは、車に半導体が使われていなければ、強力な太陽嵐が発生したとしてもその影響は大幅に軽減されるはずだ。半導体を使用しない車などあるのか？　現代の車ではまずあり得ない。

しかし、大昔の車には半導体などというものは使われていない。エンジンの燃料系統は、機械式の燃料ポンプで燃料をくみ上げ、エンジンが空気を吸い込む力を利用して燃料を吸い込ませるキャブレター（気化器）が使われていた。気化された燃料は吸気マニホールドを通り各シリンダーに供給された。現在はキャブレターに代わり、「インジェクション」という燃料噴射装置を用いるのが主流だ。インジェクションはコンピュータが気温や気圧などを測定し、燃料噴射量を電子制御している。

電気系統については、イグニッションコイル内に作り出された高電圧をディストリビューターによって各シリンダーの点火プラグに配電した。現在の主流は「ダイレクトイグニッション」で、シリンダーごとにコンパクトなイグニッションコイルを備え、点火プラグに直接装着する。プラグコード、ディストリピューターがない分、電圧ロスが低減できる。点火精度を高めるために利用されているのが、カム角センサーやクランク角センサーなどの各種センサーだ。これらのセンサーにも半導体が欠かせない。

もう少し身近な装備品では、パワーウィンドウ、パワー電動シート、オートエアコン、スマートキーなどの便利で快適な装備は、いずれも半導体を必要とする。これらの装備は、昔の車にはない。昔の車では、窓ガラスは手回しのハンドルで開閉したし、座席の前後位置とリクライニングの調節も手動のレバーで行なった。エアコンも大まかな温度設定と風量の調節ができる程度だ。そもそも、一九七〇年頃まではカーエアコン自体がほとんど普及していない。車の施錠・解錠、エンジンの始動・停止も鍵穴に鍵を差し込んで行なった。

このように、アナログで機械式の制御・操作を行なう車であれば半導体を必要とせず、太陽嵐による悪影響を回避もしくは大幅に軽減することが可能だ。

そこで、お勧めするのが旧車だ。七〇年代以前に製造された車がよいだろう。一九五〇年代には、半導体であるトランジスタが実用化され、エンジンの点火装置やカーラジオなどに使われ始めたようだが、車の電子化が急速に進んだのは七〇年代後半からだ。

旧車は性能、燃費、快適性などの面で今の車に大きく見劣りする。アナログで機械的な機構ではきめ細かい制御は期待できず、燃費も相当悪くなる。現代の排ガス規制をクリアすることなど不可能だ。

エンジンスタート一つとっても、コツが要る。キャブレターを使っていた時代にはいわゆる「プラグかぶり」がしばしば起きたものだ。ガソリンの供給が多過ぎて点火プラグがガソリンで濡れてしまい、エンジンがかからなくなるのだ。どうしてもエンジンがかからなければ、点火プラグを外し、ガソリンを拭き取り、乾燥させなければならなかった。

パワーウィンドウやスマートキーなど前述の快適装備はもちろん、オートライト（ヘッドライトの消灯・点灯の自動切り替え）やオートハイビーム（ハイビーム・ロービームの自動切り替え）といった、安全運転に役立つ便利機能もない。「自動ブレーキのお陰で人をはねずに済んだ」などということも期待できない。当時の車は今の車と違い、ドライバー自身がしっかりしなければ、安全かつスムーズな運転はままならなかった。今の車にある様々な安全装備や快適装備はドライバーにとって大変心強く、便利なものに違いないが、それらに依存するあまり、自身の運転技術やセンス、安全に対する意識の低下は避けられまい。ヒヤリとするような危険な場面での対応や危機管理の面では、昔のドライバーの方が優れているのかもしれない。旧車に乗ることであえて不便さを受け入れ、かつてのドライバーが当たり前に持っていた運転に関する様々な能力を磨くのもよいことかもしれない。

また、旧車には何とも言えないデザインの美しさがある。それに惹かれて旧車を手に入れ、大切に乗るオーナーも少なくない。しかし、旧車は故障も多いし、お金も手間もかかる。そもそも、すでにメーカーに部品の在庫がないケースがほとんどだから、事故に遭うと修理ができない可能性が高い。そのため、旧車に魅力は感じても、実際に旧車を入手する人は決して多くはないだろう。

そのような人でも、太陽嵐のリスク回避も兼ねて、思い切って欲しかった旧車のオーナーになるのもよいかもしれない。旧車の世界ではプレミアムが付いて高値で取引される車も多いが、それでも八〇年代、九〇年代、あるいは二〇〇〇年代の車を選ぶ方が、ＡＤＡＳのような最新技術を満載した現在の車よりは太陽嵐の悪影響を受けにくいはずだ。

家電製品もなるべく「アナログ」なものを選ぶ

近年、「ＩｏＴ」（モノのインターネット）が広がりを見せ、多くの家電製品がインターネットに接続され利便性を高めている。「スマート家電」と呼ばれ、スマホなどで操作できる家電製品だ。冷蔵庫やエアコンなどの温度設定、電源のオン・オフを遠隔で管理、操作したり、機器の異常をメールで通知するなどの機能がある。たとえば、ひとり暮らしの人が、夏の暑い日に外出中、外出先からスマホで帰宅時間の少し前に冷房を入れる、といったことも可能だ。

他にも、洗濯乾燥機、炊飯器、電子レンジ、ロボット掃除機、テレビ、ブルーレイレコーダー、オーディオなど家中ほとんどの家電でスマート化された製品が主流になりつつある。これらのスマート家電は私たちの暮らしを便利にしてくれるが、インターネットにつながる以上、太陽嵐の影響を受けるリスクは当然高まる。

太陽嵐のリスクを低減するために、リサイクルショップなどで一昔前の製品を買うのもよいだろう。どうしても新品の家電製品を買いたいという場合も、インターネットに接続可能で高機能を謳《うた》う製品を避け、なるべくアナログなものを選ぶようにしたい。

太陽嵐に対しては、原始的なものほど強い

これまで見てきたように、太陽嵐に対してはスマホ、パソコン、カーナビ（GPS）など、デジタル化されたハイテクなものほど脆弱だ。対照的に、アナログで原始的なものほど強い。

高度にデジタル化された現代社会は、昔に比べるとはるかに効率的で、便利で快適な生活を私たちにもたらしている。しかし、ひとたびサイバー攻撃やシステム障害などが発生すれば、高度にデジタル化されたハイテクシステムはたちまち機能不全に陥る。

本稿執筆中の二〇二四年七月にも、大規模なコンピュータシステム障害が世界各地に混乱をもたらした。韓国の空港では、航空券の予約や発券に支障をきたし、航空会社のスタッフが手書きでチケットを発券する羽目になった。アメリカでは、アメリカン航空、ユナイテッド航空、デルタ航空のすべての便について通信上の問題により各地の空港からの離陸を認めないとする通達が出された。イギリスでは、一部のテレビ局で一時、放送ができない状態になった。オーストラリアでは、ファストフード店で注文を受け付けるシステムに不具合が生じ、営業ができなくなり、スーパーではレジのシステムが使えなくなり、会計を待つ長い列ができた。ドイツでは、二つの病院で予定されていた一部の手術が中止になった。

混乱は日本にもおよび、日本航空では航空券の予約など一部のサービスが利用できなくなった。ＬＣＣ（格安航空会社）のジェットスター・ジャパンでは、搭乗手続きのシステムトラブルで国内線二〇便が欠航となった。大阪のテーマパーク、ユニバーサル・スタジオ・ジャパンでは、一部のレストランや土産物販売店でレジの会計システムが使えなくなり、原因を調査するためすべてのレストランやショップの営業を一時休止した。

これらは、この時に世界で発生した混乱のごく一部だ。大規模なシステム障害が発生した場合、世界各地で数えきれないほどの混乱が発生し得るということだ。強力な太陽嵐が発生した場合、それがもたらす被害も全世界、広範囲におよぶはずだ。本書を参考に、個人、企業レベルでも太陽嵐への対策を取ることにより、デジタル社会のリスクを軽減することをお勧めする。

エピローグ

祇園精舎の鐘の声　諸行無常の響きあり

（平家物語）

「文明の闇」を想起して備える

今から六〇年ほど前のことである。北太平洋上で不思議な現象が発生した。ハワイで、原因不明の大停電が突然起きたのだ。

それは、ハワイからかなり離れた太平洋上のジョンストン島のはるか上空で米軍が行なった、核兵器の高々度爆発実験が原因だということが後になってわかった。核爆発によって発生したＥＭＰ（電磁パルス）が、ハワイの送電網その他を破壊したのだ。

その後、米ソが中心となって核戦争の一番しょっぱなに敵国の真上《まうえ》の高々度空間で核弾頭を爆発させ、その時発生するＥＭＰ（電磁パルス）によって敵の司令部、通信網その他の電子システム（コンピュータ制御システムから一個の半導体まで）や電気システムを真っ先に破壊し目潰《めつぶ》しをくらわせるという、核戦争計画を極秘に進めてきた。先日、北朝鮮が日本周辺でミサイルの高々度《こうこうど》飛行を実験したのも、そのテストだったのではないかと専門家は考えている。

二〇二五年に起きるかもしれない太陽フレアによる人類活動への影響は、それをもっと巨大化し、広範囲にしたものと理解していただければよい。

立ち止まって、じっくり考えていただきたい。私たちの生活は、本当に便利になった。わずか七〇年ほど前には、ほとんどの家庭には冷蔵庫もテレビも電気洗濯機もなかった。携帯電話そのものが存在しなかったし、黒い固定電話ですらまだほとんどの家庭にはなかった。

それが、今はどうであろう。ほとんどの国民がスマホを自由自在に操作し、電車の中で映画やゲームさえ楽しめる。メールやＬＩＮＥで一瞬にして様々な情報をやり取りできる。あの小さなスマホの中に、二〇～三〇年ほど前のスーパーコンピュータの機能が入っているのだ。

しかし、こうしたＩＴ化されたデジタル社会ほど脆《もろ》いものはない。膨大な電子システムや半導体の組み込まれた送電網、自動車（ＥＶに限らず一般車も）、電車、新幹線、航空機、管制システム、輸送・配送システム（宅急便、アマゾンなど）、パソコン、スマホ、そしてWi-Fiを含むあらゆる通信システムが破壊され、文明の闇が一瞬で訪れるかもしれない。

「賢者は最悪を想定しつつ、楽観的に行動する」というが、私たちはこうした事態を想定しつつ二〇二五年を迎えるべきだ。

二〇二四年九月吉日

浅井　隆

■今後、『2025年の大崩壊』『ペットボトルがあなたの命を奪う!!』（すべて仮題）を順次出版予定です。ご期待下さい。

浅井隆からの重要なお知らせ

——恐慌および国家破産を勝ち残るための具体的ノウハウ

厳しい時代を賢く生き残るために必要な情報を収集するために

◆〝恐慌および国家破産対策〟の入口「経済トレンドレポート」

電子版も好評配信中！

皆様に特にお勧めしたいのが、浅井隆が取材した特殊な情報をいち早くお届けする「経済トレンドレポート」です。今まで、数多くの経済予測を的中させてきました。そうした特別な経済情報を年三三回（一〇日に一回）発行のレポートでお届けします。初心者や経済情報に慣れていない方にも読みやすい内容で、新聞やインターネットに先立つ情報や、大手マスコミとは異なる切り口からまとめた情報を掲載しています。

さらにその中で、恐慌、国家破産に関する『特別緊急警告』『恐慌警報』『国家破産警報』も流しております。「激動の二一世紀を生き残るために対策をしなければならないことは理解したが、何から手を付ければよいかわからない」「経済情報をタイムリーに得たいが、難しい内容には付いて行けない」という方は、最低でもこの経済トレンドレポートをご購読下さい。年間、約四万円で生き残るための情報を得られます。また、経済トレンドレポートの会員になられます

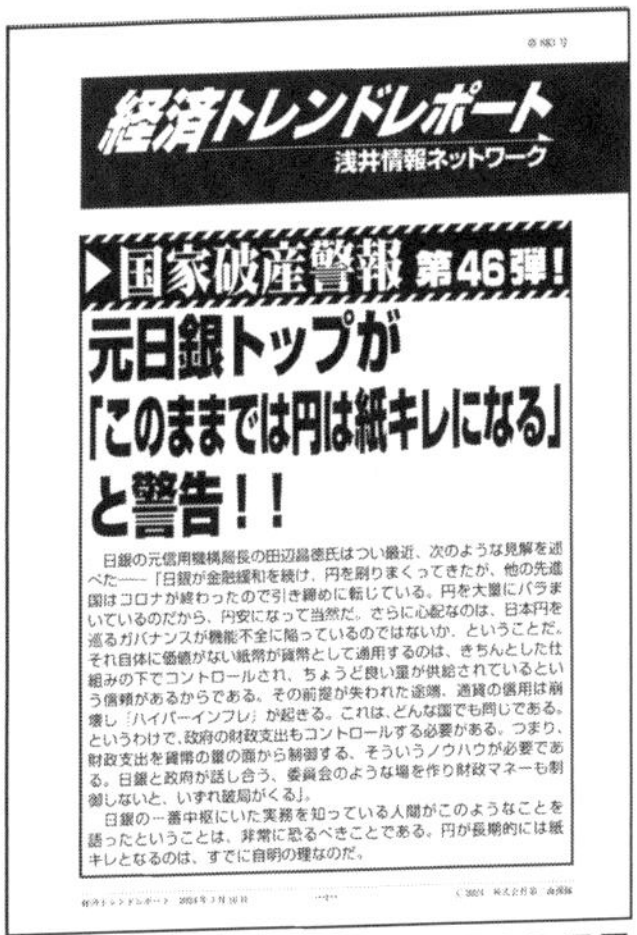

経済トレンドレポート

浅井情報ネットワーク

▶国家破産警報 第46弾！

元日銀トップが「このままでは円は紙キレになる」と警告！！

日銀の元信用機構局長の田辺昌徳氏はつい最近、次のような見解を述べた――「日銀が金融緩和を続け、円を刷りまくってきたが、他の先進国はコロナが終わったので引き締めに転じている。円を大量にバラまいているのだから、円安になって当然だ。さらに心配なのは、日本円を巡るガバナンスが機能不全に陥っているのではないか、ということだ。それ自体に価値がない紙幣が貨幣として通用するのは、きちんとした仕組みの下でコントロールされ、ちょうど良い量が供給されているという信頼があるからである。その前提が失われた途端、通貨の信用は崩壊し『ハイパーインフレ』が起きる。これは、どんな国でも同じである。というわけで、政府の財政支出もコントロールする必要がある。つまり、財政支出を貨幣の量の面から制御する、そういうノウハウが必要である。日銀と政府が話し合う、委員会のような場を作り財政マネーも制御しないと、いずれ破局がくる」。

日銀の一番中枢にいた実務を知っている人間がこのようなことを語ったということは、非常に恐るべきことである。円が長期的には紙キレとなるのは、すでに自明の理なのだ。

2024年3月10日号

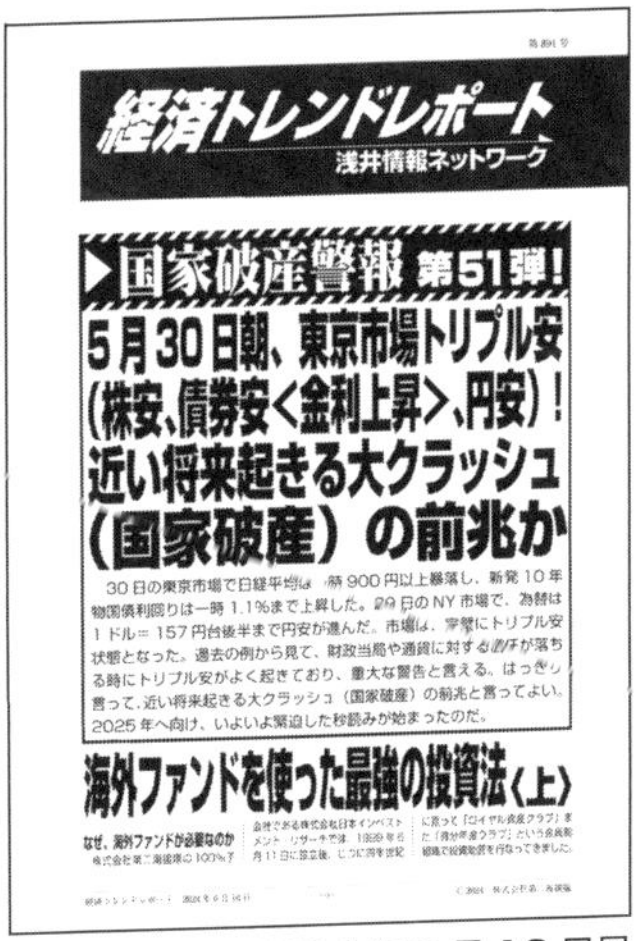

経済トレンドレポート

浅井情報ネットワーク

▶国家破産警報 第51弾！

5月30日朝、東京市場トリプル安（株安、債券安＜金利上昇＞、円安）！近い将来起きる大クラッシュ（国家破産）の前兆か

30日の東京市場で日経平均は一時900円以上暴落し、新発10年物国債利回りは一時1.1%まで上昇した。29日のNY市場で、為替は1ドル＝157円台後半まで円安が進んだ。市場は、実質にトリプル安状態となった。過去の例から見て、財政当局や通貨に対する信用が落ちる時にトリプル安がよく起きており、重大な警告と言える。はっきり言って、近い将来起きる大クラッシュ（国家破産）の前兆と言ってよい。2025年へ向け、いよいよ緊迫した秒読みが始まったのだ。

海外ファンドを使った最強の投資法〈上〉

2024年6月10日号

「経済トレンドレポート」は情報収集の手始めとしてぜひお読みいただきたい。

と、当社主催の講演会など様々な割引・特典を受けられます。
■詳しいお問い合わせ先は、㈱第二海援隊　担当：島﨑
TEL：〇三（三二九一）六一〇六　FAX：〇三（三二九一）六九〇〇
Eメール：info@dainikaientai.co.jp
ホームページアドレス：http://www.dainikaientai.co.jp/

恐慌・国家破産への実践的な対策を伝授する会員制クラブ

◆「自分年金クラブ」「ロイヤル資産クラブ」「プラチナクラブ」

国家破産対策を本格的に実践したい方にぜひお勧めしたいのが、第二海援隊の一〇〇％子会社「株式会社日本インベストメント・リサーチ」（関東財務局長（金商）第九二六号）が運営する三つの会員制クラブ（**「自分年金クラブ」「ロイヤル資産クラブ」「プラチナクラブ」**）です。

まず、この三つのクラブについて簡単にご紹介しましょう。**「自分年金クラブ」**は資産一〇〇〇万円未満の方向け、**「ロイヤル資産クラブ」**は資産一〇〇〇

万〜数千万円程度の方向け、そして最高峰の**「プラチナクラブ」**は資産一億円以上の方向け（ご入会条件は資産五〇〇〇万円以上）で、それぞれの資産規模に応じた魅力的な海外ファンドの銘柄情報や、国内外の金融機関の活用法に関する情報を提供しています。

恐慌・国家破産は、なんと言っても海外ファンドや海外口座といった「海外の活用」が極めて有効な対策となります。特に海外ファンドについては、私たちは早くからその有効性に注目し、二〇年以上に亘って世界中の銘柄を調査してまいりました。本物の実力を持つ海外ファンドの中には、恐慌や国家破産といった有事に実力を発揮するのみならず、平時には資産運用としても魅力的なパフォーマンスを示すものがあります。こうした情報を厳選してお届けするのが、三つの会員制クラブの最大の特長です。

その一例をご紹介しましょう。三クラブ共通で情報提供する「ATファンド」は、年率五〜七％程度の収益を安定的に挙げています。これは、たとえば年率七％なら三〇〇〇万円を預けると毎年約二一〇万円の収益を複利で得られ、およそ一〇年で資産が二倍になる計算となります。しかもこのファンドは、二〇一四年の運用開始から一度もマイナスを計上したことがないという、極めて優秀な運用実績を残しています。日本国内の投資信託などではとても信じられない数字ですが、世界中を見渡せばこうした優れた銘柄はまだまだあるのです。

冒頭にご紹介した三つのクラブでは、「ATファンド」をはじめとしてより高い収益力が期待できる銘柄や、恐慌などの有事により強い力を期待できる銘柄など、様々な魅力を持ったファンド情報をお届けしています。なお、資産規模が大きいクラブほど、取り扱い銘柄数も多くなっております。

また、ファンドだけでなく金融機関選びも極めて重要です。単に有事にも耐え得る高い信頼性というだけでなく、各種手数料の優遇や有利な金利が設定されている、日本に居ながらにして海外の市場と取引ができるなど、金融機関も様々な特長を持っています。こうした中から、各クラブでは資産規模に適した、魅力的な条件を持つ国内外の金融機関に関する情報を提供し、またその活用方法についてもアドバイスしています。

その他、国内外の金融ルールや国内税制などに関する情報など資産防衛に有用な様々な情報を発信、会員の皆様の資産に関するご相談にもお応えしております。浅井隆が長年研究・実践してきた国家破産対策のノウハウを、ぜひあなたの大切な資産防衛にお役立て下さい。

■詳しいお問い合わせは「㈱日本インベストメント・リサーチ」

TEL：〇三（三二九一）七二九一　FAX：〇三（三二九一）七二九二

Eメール：info@nihoninvest.co.jp

他にも第二海援隊独自の〝特別情報〟をご提供

◆浅井隆のナマの声が聞ける講演会

浅井隆の講演会を開催いたします。二〇二五年は東京・一月一八日（土）（以下、地方未定）で予定しております。経済の最新情報をお伝えすると共に、生き残りの具体的な対策を詳しく、わかりやすく解説いたします。

活字では伝えることのできない、肉声による貴重な情報にご期待下さい。

■詳しいお問い合わせ先は、㈱第二海援隊
TEL：〇三（三二九一）六一〇六　FAX：〇三（三二九一）六九〇〇
Eメール：info@dainikaientai.co.jp

◆「ダイヤモンド投資情報センター」

現物資産を持つことで資産保全を考える場合、小さくて軽いダイヤモンドは持ち運びも簡単で、大変有効な手段と言えます。近代画壇の巨匠・藤田嗣治は太平洋戦争後、混乱する世界を渡り歩く際、資産として持っていたダイヤモンドを絵の具のチューブに隠して持ち出し、渡航後の糧にしました。金《きん》（ゴールド）だけの資産防衛では不安という方は、ダイヤモンドを検討するのも一手でしょう。しかし、ダイヤモンドの場合、金《きん》とは違って公的な市場が存在せず、専門の鑑定士がダイヤモンドの品質をそれぞれ一点ずつ評価して値段が決まるため、売り買いは金《きん》に比べるとかなり難しいという事情があります。そのため、信頼できる専門家や取り扱い店と巡り合えるかが、ダイヤモンドでの資産保全の成否のわかれ目です。

　そこで、信頼できるルートを確保し業者間価格の数割引という価格（デパートの宝飾品売り場の価格の三分の一程度）での購入が可能で、ＧＩＡ（米国宝石学会）の鑑定書付きという海外に持ち運んでも適正価格での売却が可能な条件を備えたダイヤモンドの売買ができる情報を提供いたします。

　ご関心がある方は「ダイヤモンド投資情報センター」にお問い合わせ下さい。
■お問い合わせ先：㈱第二海援隊　ＴＥＬ：〇三（三二九一）六一〇六　担当：齋藤
　Ｅメール：info@dainikaientai.co.jp

◆㊙第二海援隊ホームページ

　第二海援隊では様々な情報をインターネット上でも提供しております。詳しくは「第二海援隊ホームページ」をご覧下さい。私ども第二海援隊グループは、皆様の大切な財産を経済変動や国家破産から守り殖やすための あらゆる情報提供とお手伝いを全力で行ないます。

また、浅井隆によるコラム「天国と地獄」を連載中です。経済を中心に長期的な視野に立って浅井隆の海外をはじめ現地生取材の様子をレポートするなど、独自の視点からオリジナリティあふれる内容をお届けします。

■ホームページアドレス： http://www.dainikaientai.co.jp/

第二海援隊
HPはこちら

株で資産を作れる時代がやってきた！ 〝四つの株投資クラブ〟のご案内

一「㊙株情報クラブ」

「㊙株情報クラブ」は、普通なかなか入手困難な日経平均の大きなトレンド、現物個別銘柄についての特殊な情報を少人数限定の会員制で提供するものです。目標は、提供した情報の八割が予想通りの結果を生み、会員の皆様の資産が中長期的に大きく殖えることです。そのために、日経平均については著名な「カギ足」アナリストの川上明氏が開発した「T1システム」による情報提供を行ないます。川上氏はこれまでも多くの日経平均の大転換を当てていますので、これからも当クラブに入会された方の大きな力になると思います。

また、その他の現物株（個別銘柄）については短期と中長期の二種類にわけて情報提供を行ないます。短期については川上明氏開発の「T14」「T16」という二つのシステムにより日本の上場銘柄をすべて追跡・監視し、特殊な買いサインが出ると即買いの情報を提供いたします。そして、買った値段から一〇％上昇したら即売却していただき、利益を確定します。この「T14」「T16」は、これまでのところ当たった実績が九八％という驚異的なものとなっております（二〇一五年一月～二〇二〇年六月におけるシミュレーション）。

さらに中長期的銘柄としては、浅井の特殊な人脈数人が選び抜いた日・米・中三ヵ国の成長銘柄を情報提供いたします。

クラブは二〇二一年六月よりサービスを開始しており、すでに会員の皆様へ有用な情報をお届けしております。なお、「㊙株情報クラブ」「ボロ株クラブ」の内容説明会を収録したCDを二〇〇〇円（送料込み）にてお送りしますのでお問い合わせ下さい。

皆様の資産を大きく殖やすという目的のこのクラブは、皆様に大変有益な情報提供ができると確信しております。奮ってご参加下さい。

■お問い合わせ先：㈱日本インベストメント・リサーチ「㊙株情報クラブ」

ＴＥＬ：〇三（三二九一）七二九一　ＦＡＸ：〇三（三二九一）七二九二

Ｅメール：info@nihoninvest.co.jp

二「ボロ株クラブ」

「ボロ株」とは、主に株価が一〇〇円以下の銘柄を指します。何らかの理由で売り叩かれ、投資家から相手にされなくなった〝わけアリ〟の銘柄もたくさんあり、証券会社の営業マンがお勧めすることもありませんが、私たちはそここそ収益機会があると確信しています。

過去一〇年、〝株〟と聞くと多くの方は成長の著しいアメリカの一九六〇年代の西部劇『荒野の七人』に登場したガンマンたちのように、「マグニフィセント・セブン」（超大型七銘柄。アップル、マイクロソフト、アルファベット、アマゾン・ドット・コム、エヌビディア、テスラ、メタ・プラットフォームズ。一九六〇年代の西部劇『荒野の七人』に登場したガンマンたちから名付けられた）高成長ハイテク企業の銘柄を思い浮かべるのではないでしょうか。実際、これらハイテク銘柄の騰勢は目を見張るほどでした。

一方で、「人の行く裏に道あり花の山」という相場の格言があります。「人はとかく群集心理で動きがちだ。いわゆる付和雷同である。ところが、それでは大きな成功は得られない。むしろ他人とは反対のことをやった方が、うまく行く場合が多い」とこの格言は説いています。

すなわち、私たちはなかば見捨てられた銘柄にこそ大きなチャンスが眠っていると考えています。実際、「ボロ株」はしばしば大化けします。ボロ株クラブは二〇二一年六月より始動していますが、小型銘柄（ボロ株）を中心として数々の実績を残しています。過去のデータが欲しいという方は当クラブまでお電話下さい。

もちろん、やみくもに「ボロ株」を推奨して行くということではありません。弊社が懇意にしている「カギ足」アナリスト川上明氏の分析を中心に、さらには同氏が開発した自動売買判断システム「ＫＡＩ―解―」からの情報も取り入れ、短中長期すべてをカバーしたお勧めの取引（銘柄）をご紹介します。

構想から開発までに十数年を要した「ＫＡＩ」には、すでに多くの判断システムが組み込まれていますが、「ボロ株クラブ」ではその中から「Ｔ８」というシステムによる情報を取り入れています。Ｔ８の戦略を端的に説明しますと、「ある銘柄が急騰し、その後に反落、そしてさらにその後のリバウンド（反騰）を狙う」となります。

これら情報を複合的に活用することで、ＮＩＳＡ（少額投資非課税制度）を利用しての年率四〇％リターンも可能だと考えています。年会費も第二海援隊グループの会員の皆様にはそれぞれ割引サービスをご用意しております。詳しくは、お問い合わせ下さい。また、「ボロ株」の「時価総額や出来高が少ない」という性質上、無制限に会員様を募ることができません。一〇〇名を募集上限

（第一次募集）とします。

■お問い合わせ先：㈱日本インベストメント・リサーチ「ボロ株クラブ」

TEL：〇三（三二九一）七二九一　FAX：〇三（三二九一）七二九二

Eメール：info@nihoninvest.co.jp

三「日米成長株投資クラブ」

いまや世界経済は「高インフレ・高金利」に突入しています。大切な資産の防衛・運用も、この世界的トレンドに合わせて考え、取り組むことが重要です。

高インフレ時代には、「守り」の運用だけでは不十分です。リスクを取り、積極的な投資行動を取ることも極めて重要となるのです。この観点からも、「株式投資」はこれからの時代に取り組むべき重要な投資分野と言えます。

浅井隆は、インフレ時代の到来と株式投資の有効性に着目し、二〇一八年から「日米成長株投資クラブ」にて株式に関する情報提供、助言を行なってきました。現代最高の投資家であるウォーレン・バフェット氏とジョージ・ソロス氏の投資哲学を参考として、優良銘柄をじっくり保有するバフェット的発想と、経済トレンドを見据えた大局観の投資判断を行なうソロス的手法によって、「一〇年後に資産一〇倍」を目指して行きます。

経済トレンドについては、テクニカル分析の専門家・川上明氏の「カギ足分析」に加えて、経済トレンドの分析を長年行なってきた浅井隆の知見も融合して行きます。特に、三〇年強で約七割の驚異的な勝率を誇る川上氏の分析は非常に興味深いものがあります。

個別銘柄については、発足以来数多くの銘柄情報にて良好な成績を残しており、会員の皆様に収益機会となる情報をお届けしています。銘柄は低位小型株から比較的大型のものまで幅広く、短期的に連日ストップ高を記録した銘柄もあります。

皆様にはこうした情報を十分に活用していただき、大激動をチャンスに変えて大いに資産形成を成功させていただきたいと考えております。ぜひこの機会を逃さずにお問い合わせ下さい。サービス内容は以下の通りです。

1．浅井隆、川上明氏（テクニカル分析専門家）が厳選する国内の有望銘柄の情報提供
2．株価暴落の予兆を分析し、株式売却タイミングを速報
3．日経平均先物、国債先物、為替先物の売り転換、買い転換タイミングを速報
4．バフェット的発想による、日米の超有望成長株銘柄を情報提供

詳しいお問い合わせは「㈱日本インベストメント・リサーチ」

ＴＥＬ：〇三（三二九一）七二九一　ＦＡＸ：〇三（三二九一）七二九二
Ｅメール：info@nihoninvest.co.jp

四「オプション研究会」

二〇二〇年代は、新型コロナウイルスの世界的流行、ロシアのウクライナ侵攻、中東情勢の緊迫化など「激動の時代」になりつつあります。日本においても、財政危機リスクや台湾有事などの地政学リスク、さらに巨大地震や火山噴

火などの天災リスクを抱え、非常に困難な時代となることが予想されます。

こうした激動期には、大切な資産も大きなダメージを受けることとなりますが、その一方で激動を逆手に取ることで「千載一遇の投資のチャンス」をつかむことも可能となります。その極めて有望な方法の一つが、「オプション取引」です。

「オプション取引」では、短期的な市場の動きに大きく反応し、元本の数十～一〇〇〇倍以上もの利益を生むこともあります。この大きな収益機会は、実は巨大な損失リスクを負わずに、損失リスクを限定しながらつかむことができるのです。激動の時代には、「オプション取引」でこうした巨大な収益機会がたび生まれることになります。市場の暴落時のみならず、急落からの大反騰時にもチャンスが生じるため、平時と比べても取り組む価値は高いと言えます。

「オプション取引」の重要なポイントを簡単にまとめます。
・非常に短期（数日～一週間程度）で、数十倍～数百倍の利益獲得も可能
・「買い建て」限定にすると、損失は投資額に限定できる

・恐慌、国家破産など市場が激動するほど収益機会は増える
・最低投資額は一〇〇〇円（取引手数料は別途）
・株やＦＸと異なり、注目すべき銘柄は基本的に「日経平均株価」の動きのみ
・給与や年金とは分離して課税される（税率約二〇％）

極めて魅力的な「オプション取引」ですが、投資にあたっては取引方法に習熟することが必須です。オプションの知識の他、パソコンやスマホによる取引操作の習熟が大きなカギとなります。

もし、これからの激動期を「オプション取引」で挑んでみたいとお考えであれば、第二海援隊グループがその習熟を「情報」と「助言」で強力に支援いたします。「オプション研究会」では、「オプション取引」はおろか株式投資など他の投資経験もないという方にも、取引操作から基本知識、さらに投資の心構え、市況変化に対する考え方や収益機会のとらえ方など、初歩的な事柄から実践までを懇切丁寧に指導いたします。

さらに、「オプション研究会」では、「三〇％複利戦法」をはじめとして参考

となる投資戦略も情報提供しています。こうした戦略もうまく活用することで、「オプション取引」の魅力を実感していただきます。

これからの激動の時代を、チャンスに変えたいとお考えの方のご入会を心よりお待ちしております。

※なお、オプション研究会のご入会には、「日米成長株投資クラブ」の会員であることが条件となります。また、ご入会時には当社規定に基づく審査があります。あらかじめご了承下さい。

「㈱日本インベストメント・リサーチ オプション研究会」担当 山内・稲垣・関
TEL：〇三（三二九一）七二九一　FAX：〇三（三二九一）七二九二
Eメール：info@nihoninvest.co.jp

◆「オプション取引」習熟への近道を知るための「セミナーDVD」発売中（二〇二四年五月二一四日収録版）

「オプション取引について詳しく知りたい」「『オプション研究会』について理

解を深めたい」という方のために、その概要を知ることができる「DVD／CD／動画配信」を用意しています。

■「オプション説明会 受講DVD／CD／動画配信」■

「オプション説明会」の模様を収録したDVD／CD／動画配信です。浅井隆が信頼する相場のチャート分析を行なう川上明先生にもご登壇いただきました。ぜひご入手下さい。

価格（DVD／CD／動画配信）三〇〇〇円（送料込）

※「オプション説明会」にお申し込みの際には、氏名、電話番号、住所、Eメールアドレス（動画配信希望の方のみ必須）、セミナーの受講形態（参加、動画配信、CD、DVD）をお知らせ下さい。

■「オプション研究会」および「オプション説明会」に関するお問い合わせは

「第二海援隊　オプション研究会　担当」まで。

TEL：〇三（三二九一）七二九一　FAX：〇三（三二九一）七二九二

Eメール：info@nihoninvest.co.jp

◆浅井隆が発行人となる新ウェブサイト「インテリジェンス・ニッポン」配信開始

山積する日本の課題を克服するため、問題の所在を解明し、解決策を示して行くオピニオン・メディアを創りたい。この長年の浅井隆の夢が、二〇二四年年七月に実現しました。

新ウェブサイトは「インテリジェンス・ニッポン」です。

「インテリジェンス（Intelligence）」は「（優れた）知性」を意味します。政治経済はじめ様々な分野で行き詰まっている日本について、冷静に、総合的に、まさに「インテリジェンス」を持って考え、「新生日本」を目指す解決の方向を示して行こうというのが、このウェブサイトです。

浅井はじめ大手新聞社や出版社のベテラン編集者が、時代の本質を的確にとらえた論者や評論、ニュースをわかりやすく紹介します。テーマは広い意味での政治、経済を二本柱とし、教育、文化など幅広く取り上げます。原則として毎月二回更新（第二、第四木曜）し、誰でも無料でアクセスできます。
ぜひ一度ご覧になって下さい。
■ホームページアドレス：http://www.intelligence-nippon.jp/

インテリジェンス・ニッポン
HPはこちら

■経済ジャーナリストとして

国際軍事関係の取材を続ける中、「冷戦も終わり、これからは軍事ではなく経済の時代」という友人の編集者の言葉が転機となり、経済に関する勉強を重ねる。1990年東京市場暴落の謎に迫る取材で、一大センセーションを巻き起こす。当時、一般には知られていない最新の金融技術を使って利益を上げた、バブル崩壊の仕掛け人の存在を暴露するレポート記事を雑誌に発表。当初は誰にも理解されなかったが、真相が知れ渡るにつれ、当時の大蔵省官僚からも注目されるほどになった。これをきっかけに、経済ジャーナリストとして、バブル崩壊後の超円高や平成不況の長期化、金融機関の破綻など数々の経済予測を的中させたベストセラーを多発した。

■独立

1993年「大不況サバイバル読本―'95年から始まる"危機"を生き残るために」が十数万部のベストセラーとなり、独立を決意。1994年に毎日新聞社を退社し、浅井隆事務所を設立。執筆・講演会・勉強会などの活動を行なう。

■（株）第二海援隊設立

1996年、従来にない形態の総合情報商社「第二海援隊」を設立。以後その経営に携わる一方、精力的に執筆・講演活動を続ける。2005年7月、日本を改革・再生することを唯一の事業目的とする日本初の株式会社「再生日本２１」を立ち上げる。

■主な著書

『大不況サバイバル読本』『日本発、世界大恐慌！』（徳間書店）『95年の衝撃』（総合法令出版）『勝ち組の経済学』（小学館文庫）『次にくる波』（PHP研究所）『HuMan Destiny』（『9・11と金融危機はなぜ起きたか!?〈上〉〈下〉』英訳）『いよいよ政府があなたの財産を奪いにやってくる!?』『徴兵・核武装論〈上〉〈下〉』『最後のバブルそして金融崩壊『国家破産ベネズエラ突撃取材』『都銀、ゆうちょ、農林中金まで危ない!?』『巨大インフレと国家破産』『年金ゼロでやる老後設計』『ボロ株投資で年率40%も夢じゃない!!』『2030年までに日経平均10万円、そして大インフレ襲来!!』『コロナでついに国家破産』『老後資金枯渇』『2022年インフレ大襲来』『2026年日本国破産〈警告編〉〈あなたの身に何が起きるか編〉〈現地突撃レポート編〉〈対策編・上／下〉』『極東有事――あなたの町と家族が狙われている！』『オレが香港ドルを暴落させる　ドル/円は150円経由200円へ！』『巨大食糧危機とガソリン200円突破』『2025年の大恐慌』『1ドル＝200円時代がやってくる!!』『ドル建て金持ち、円建て貧乏』『20年ほったらかして1億円の老後資金を作ろう！』『投資の王様』『国家破産ではなく国民破産だ！〈上〉〈下〉』『2025年の衝撃〈上〉〈下〉』『あなたの円が紙キレとなる日』『ドルの正しい持ち方』『超円安 国債崩壊 株大暴落』『株高は国家破産の前兆』（第二海援隊）など多数。

〈著者略歴〉

浅井　隆　（あさい　たかし）

■学生時代
高校時代は理工系を志望。父と同じ技術者を目指していたが、「成長の限界」という本に出会い、強い衝撃を受ける。浅井は、この問題の解決こそ“人生の課題”という使命感を抱いた。この想いが後の第二海援隊設立につながる。人類の破滅を回避するためには、科学技術ではなく政治の力が必要だと考え、志望先を親に内緒で変えて早稲田大学政治経済学部に進む。在学中に環境問題を研究する「宇宙船地球号を守る会」などを主宰するも、「自分の知りたいことを本当に教えてくれる人はいない」と感じて大学を休学。「日本を語るにはまず西洋事情を知らなくては」と考え、海外放浪の旅に出る。この経験が「なんでも見てやろう、聞いてやろう」という“現場主義”の基礎になる。

■学生ビジネス時代
大学一年の時から学習塾を主宰。「日本がイヤになって」海外を半年間放浪するも、反対に「日本はなんて素晴らしい国なのだろう」と感じる。帰国後、日本の素晴らしさを子供たちに伝えるため、主催する学習塾で“日本の心”を伝える歴史学や道徳も教える。ユニークさが評判を呼び、学生ビジネスとして成功を収める。これが歴史観、道徳、志などを学ぶ勉強会、セミナーの原型となった。

■カメラマン時代
学生企業家として活躍する中、マスコミを通して世論を啓蒙して行こうと考え、大学７年生の時に中退。毎日新聞社に報道カメラマンとして入社。環境・社会問題の本質を突く報道を目指すも、スキャンダラスなニュースばかりを追うマスコミの姿勢に疑問を抱く。しかし先輩から、「自分の実力が新聞社の肩書きを上回るまで辞めてはならん」との言葉を受け発奮、世界を股にかける過酷な勤務をこなす傍ら、猛勉強に励みつつ独自の取材、執筆活動を展開する。冷戦下の当時、北米の核戦争用地下司令部「ＮＯＲＡＤ」を取材。
核問題の本質を突く取材をしようと、ＮＯＲＡＤ司令官に直接手紙を書いた。するとアメリカのマスコミでさえ容易に取材できないＮＯＲＡＤでは異例の取材許可が下りた。ところが上司からはその重要性を理解されず、取材費は出なかった。そこで浅井は夏休みを取り、経費はすべて自腹で取材を敢行。これが転機となって米軍関係者と個人的なコネクションができ、軍事関係の取材を精力的に行なう。

〈参考文献〉

【新聞・通信社】

『日本経済新聞』『読売新聞』『産経新聞』『東京新聞』『日本農業新聞』

【書籍】
『ビジュアル 世界史 1000 人』（宮崎正勝著　世界文化社）
『文明崩壊』（ジャレド・ダイアモンド著　草思社）
『太陽の脅威と人類の未来』（柴田一成著　角川書店）
『2025 年 7 の月に起きること』（神薙慧著　第二海援隊）

【拙著】
『ＮＴＴが核攻撃される日』（フットワーク出版社）
『破滅へのウォー・ゲーム』（ダイナミックセラーズ出版）
『すさまじい時代〈下〉』（第二海援隊）
『原発・大地震生き残りマニュアル』（第二海援隊）
『地震・災害財産防衛マニュアル』（第二海援隊）

【その他】

『ＮＨＫテレビ』『現代ビジネス』『SAPIO』

『ロイヤル資産クラブレポート』『経済トレンドレポート』


【ホームページ】

フリー百科事典『ウィキペディア』

『内閣府』『総務省』『NICT（国立研究開発法人情報通信研究機構）』

『国立社会保障・人口問題研究所』『電気事業連合会』『ＮＴＴ』『Quora』

『国立研究開発法人日本原子力研究開発機構』『京都大学理学研究科』

『ISEE（名古屋大学宇宙地球環境研究所）』『NATIONAL ACADEMIES』

『Swissinfo.ch（スイス公共放送協会）』『フォーブス』『ＡＦＰＢＢ』

『中央日報　日本語版』『FNN オンライン』『日経サイエンス』『YouTube』

『ダイヤモンド・オンライン』『東洋経済オンライン』『WIRED』『SORAE』

『Yahoo! Japan』『サストモ』『ビジネスインサイダー』『e 防災なび』

『日本ガス協会』『東京ガス』『大阪ガス』『講談社』『Wi-Fi ビルド埼玉』

『“働く”の１００年史（Smart HR）』『cloud GPS』『JAFMate』

『ニッセイアセットマネジメント』『スマートモビリティ JP』

『自動運転の論点』『トヨタ自動車』『いすゞ自動車』『マツダ』

『グーネットマガジン』『減災調査 2023』

太陽嵐 2025 年
2024 年 10 月 23 日　初刷発行

著　者　浅井　隆
発行者　浅井　隆
発行所　株式会社　第二海援隊
〒 101-0062
東京都千代田区神田駿河台２-５-１　住友不動産御茶ノ水ファーストビル８Ｆ
電話番号　03-3291-1821　　ＦＡＸ番号　03-3291-1820

印刷・製本／株式会社シナノ

ISBN978-4-86335-245-2
Printed in Japan

第二海援隊発足にあたって

日本は今、重大な転換期にさしかかっています。にもかかわらず、私たちはこの極東の島国の上で独りよがりのパラダイムにどっぷり浸かって、まだ太平の世を謳歌しています。

しかし、世界はもう動き始めています。その意味で、現在の日本はあまりにも「幕末」に似ているのです。ただ、今の日本人には幕末の日本人と比べて、決定的に欠けているものがあります。それこそ、志と理念です。現在の日本は世界一の債権大国（＝金持ち国家）に登り詰めはしましたが、人間の志と資質という点では、貧弱な国家になりはててしまいました。それこそが、最大の危機といえるかもしれません。

そこで私は「二十一世紀の海援隊」の必要性を是非提唱したいのです。今日本に必要なのは、技術でも資本でもありません。志をもって大変革を遂げることのできる人物と、それを支える情報です。まさに、情報こそ〝力〟なのです。そこで私は本物の情報を発信するための「総合情報商社」および「出版社」こそ、今の日本に最も必要と気付き、自らそれを興そうと決心したのです。

しかし、私一人の力では微力です。是非皆様の力をお貸しいただき、二十一世紀の日本のために少しでも前進できますようご支援、ご協力をお願い申し上げる次第です。

浅井　隆